本书由
中央高校建设世界一流大学（学科）
和特色发展引导专项资金
资助

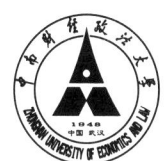

中南财经政法大学“双一流”建设文库

创 | 新 | 治 | 理 | 系 | 列 |

智力资本、企业绩效与财务战略优化

王 征 等著

中国财经出版传媒集团
中国财政经济出版社

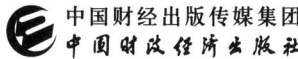

图书在版编目（CIP）数据

智力资本、企业绩效与财务战略优化／王征等著.
——北京：中国财政经济出版社，2019.12
（中南财经政法大学"双一流"建设文库. 创新治理系列）
ISBN 978-7-5095-9443-8

Ⅰ.①智… Ⅱ.①王… Ⅲ.①企业会计－研究－中国 Ⅳ.①F279.23

中国版本图书馆 CIP 数据核字（2019）第 259105 号

责任编辑：樊清玉　　　　责任校对：徐艳丽
封面设计：陈宇琰

智力资本、企业绩效与财务战略优化
ZHILI ZIBEN、QIYE JIXIAO YU CAIWU ZHANLUE YOUHUA
中国财政经济出版社 出版
URL：http://www.cfeph.cn
E-mail：cfeph@cfemg.cn
（版权所有　翻印必究）
社址：北京市海淀区阜成路甲 28 号　邮政编码：100142
营销中心电话：010-88191537
北京财经印刷厂印装　各地新华书店经销
787×1092 毫米　16 开　10 印张　158 000 字
2019 年 12 月第 1 版　2019 年 12 月北京第 1 次印刷
定价：43.00 元
ISBN 978-7-5095-9443-8
（图书出现印装问题，本社负责调换）
本社质量投诉电话：010-88190744
打击盗版举报热线：010-88191661　QQ：2242791300

总　序

"中南财经政法大学'双一流'建设文库"是中南财经政法大学组织出版的系列学术丛书，是学校"双一流"建设的特色项目和重要学术成果的展现。

中南财经政法大学源起于1948年以邓小平为第一书记的中共中央中原局在挺进中原、解放全中国的革命烽烟中创建的中原大学。1953年，以中原大学财经学院、政法学院为基础，荟萃中南地区多所高等院校的财经、政法系科与学术精英，成立中南财经学院和中南政法学院。之后学校历经湖北大学、湖北财经专科学校、湖北财经学院、复建中南政法学院、中南财经大学的发展时期。2000年5月26日，同根同源的中南财经大学与中南政法学院合并组建"中南财经政法大学"，成为一所财经、政法"强强联合"的人文社科类高校。2005年，学校入选国家"211工程"重点建设高校；2011年，学校入选国家"985工程优势学科创新平台"项目重点建设高校；2017年，学校入选世界一流大学和一流学科（简称"双一流"）建设高校。70年来，中南财经政法大学与新中国同呼吸、共命运，奋勇投身于中华民族从自强独立走向民主富强的复兴征程，参与缔造了新中国高等财经、政法教育从创立到繁荣的学科历史。

"板凳要坐十年冷，文章不写一句空"，作为一所传承红色基因的人文社科大学，中南财经政法大学将范文澜和潘梓年等前贤们坚守的马克思主义革命学风和严谨务实的学术品格内化为学术文化基因。学校继承优良学术传统，深入推进师德师风建设，改革完善人才引育机制，营造风清气正的学术氛围，为人才辈出提供良好的学术环境。入选"双一流"建设高校，是党和国家对学校70年办学历史、办学成就和办学特色的充分认可。"中南大"人不忘初心，牢记使命，以立德树人为根本，以"中国特色、世界一流"为核心，坚持内涵发展，"双一流"建设取得显著进步：学科体系不断健全，人才体系初步成型，师资队伍不断壮大，研究水平和创新能力不断提高，现代大学治理体系不断完善，国际交流合作优化升级，综合实力和核心竞争力显著提升，为在2048年建校百年时，实现主干学科跻身世界一流学科行列的发展愿景打下了坚实根基。

"当代中国正经历着我国历史上最为广泛而深刻的社会变革，也正在进行着人类历史上最为宏大而独特的实践创新"，"这是一个需要理论而且一定能够产生理论的时代，这是一个需要思想而且一定能够产生思想的时代"①。坚持和发展中国特色社会主义，统筹推进"五位一体"总体布局和协调推进"四个全面"战略布局，实现"两个一百年"奋斗目标、实现中华民族伟大复兴的中国梦，需要构建中国特色哲学社会科学体系。市场经济就是法治经济，法学和经济学是哲学社会科学的重要支撑学科，是新时代构建中国特色哲学社会科学体系的着力点、着重点。法学与经济学交叉融合成为哲学社会科学创新发展的重要动力，也为塑造中国学术自主性提供了重大机遇。学校坚持财经政法融通的办学定位和学科学术发展战略，"双一流"建设以来，以"法与经济学科群"为引领，以构建中国特色法学和经济学学科、学术、话语体系为己任，立足新时代中国特色社会主义伟大实践，发掘中国传统经济思想、法律文化智慧，提炼中国经济发展与法治实践经验，推动马克思主义法学和经济学中国化、现代化、国际化，产出了一批高质量的研究成果，"中南财经政法大学'双一流'建设文库"即为其中部分学术成果的展现。

文库首批遴选、出版二百余册专著，以区域发展、长江经济带、"一带一路"、创新治理、中国经济发展、贸易冲突、全球治理、数字经济、文化传承、生态文明等十个主题系列呈现，通过问题导向、概念共享，探寻中华文明生生不息的内在复杂性与合理性，阐释新时代中国经济、法治成就与自信，展望人类命运共同体构建过程中所呈现的新生态体系，为解决全球经济、法治问题提供创新性思路和方案，进一步促进财经政法融合发展、范式更新。本文库的著者有德高望重的学科开拓者、奠基人，有风华正茂的学术带头人和领军人物，亦有崭露头角的青年一代，老中青学者秉持家国情怀，述学立论、建言献策，彰显"中南大"经世济民的学术底蕴和薪火相传的人才体系。放眼未来、走向世界，我们以习近平新时代中国特色社会主义思想为指导，砥砺前行，凝心聚

---

① 习近平：《在哲学社会科学工作座谈会上的讲话》，2016年5月17日。

力推进"双一流"加快建设、特色建设、高质量建设,开创"中南学派",以中国理论、中国实践引领法学和经济学研究的国际前沿,为世界经济发展、法治建设做出卓越贡献。为此,我们将积极回应社会发展出现的新问题、新趋势,不断推出新的主题系列,以增强文库的开放性和丰富性。

"中南财经政法大学'双一流'建设文库"的出版工作是一个系统工程,它的推进得到相关学院和出版单位的鼎力支持,学者们精益求精、数易其稿,付出极大辛劳。在此,我们向所有作者以及参与编纂工作的同志们致以诚挚的谢意!

因时间所囿,不妥之处还恳请广大读者和同行包涵、指正!

中南财经政法大学校长

前　言

　　企业的财务问题一直是学术界和业界普遍关注的热点问题，对企业价值创造和风险管理都有各自的观点、主张和思想。本书认为智力资本是提升企业绩效的有效手段，研发投入能够促进企业智力资本产生增值，进而有助于企业创造价值，但是高额的研发投入会给企业尤其是技术含量高的科技制造企业带来经营风险。在对企业进行财务分析时，如果把经营风险纳入传统的分析矩阵，会有利于企业制定更优的财务战略。

　　本书主要有三个组成部分。第1章探讨了智力资本与企业绩效的关系。本书从促进经济增长和企业发展的智力资本因素入手，分析其对企业绩效的作用机制，选取了信息技术业A股上市公司作为研究样本，从四个维度各自选取了三个指标来分别量化企业绩效，然后采用因子分析法提炼出一个可以全面综合考察企业绩效的指标，最后通过线性分量回归法对智力资本与企业绩效的关系进行实证研究，以检验在不同绩效表现的公司中智力资本对企业绩效的促进作用是不同的。企业的研究开发（R&D）有利于提升智力资本的价值，也有助于提升企业价值，本书第2章主要检验了R&D投入与企业价值的关系。本书通过加入专利这一变量检验上市公司R&D投入、专利与企业价值的关系。实证结果表明，在高科技行业中创新活动对企业价值的贡献有更显著的正向效应，而且发明专利在三种专利中对企业价值的贡献最大。因此，企业的生存和发展离不开创新活动，企业应当将R&D投入提高到战略层面制定相应的对策。但是，企业R&D活动存在风险，尤其是初始投入的资金量大，研发活动有很大的不确定性和很高的经营风险。本书第3章选取上市公司武汉凡谷，该企业身处信息技术业中的移动通信领域，是全球发展最快、技术更新最快的行业，企业受到行业周期性波动的影响大，前期开发困难，资金投入很高，研发投入也高，而且研发周期长。这种高额投资会给企业带来比较高的经营风险，那么，在这种背景下企业应该如何提升绩效并进行价值创造？通过案例分析，我们提出要对传统二维矩阵加以改进，引入经营风险这一维度构建财务战略三维矩阵模型，将公司的价值创造、可持续增长和经营风险联系起来，综合改进企业财务战略：一方面，可以根据分析结果判断企业是否在价值增值、可持续增长与经营风险上保持了平衡；另一方面，还可以验证改进后的财务战略三维矩阵的实用性和可行性，并运用此工具来优化调整案例企业现有的财务战略。

企业价值等财务问题涉及的范围很广，限于我们的研究能力和认识水平，书中的观点和结论难免存在不妥甚至错误之处，恳请读者批评指正。衷心感谢会计学院对本书出版提供的帮助。本人的研究生参与了书中数据的整理分析工作，冉婷、潘阳阳和朱芳菁等同学参与了部分初稿的撰写工作，在此对她们付出的艰辛表示感谢！

最后，非常感谢中国财政经济出版社会计分社樊清玉社长！她专业的修改意见和每一页的批注痕迹让我惭愧又感动，认真工作就是对别人负责，对自己负责，对单位负责，我要向她学习！

王　征
2019 年 11 月 16 日

目 录

第1章 智力资本与企业绩效   1
  1.1 经济增长理论   1
  1.2 智力资本的理论基础   3
  1.3 智力资本的研究综述   10
  1.4 智力资本对企业绩效的作用   17
  1.5 企业绩效的指标设计   23
  1.6 智力资本与企业绩效的实证研究   30
  1.7 结论   40

第2章 研发投入、专利与企业价值   43
  2.1 研发投入与企业价值关系的文献综述   43
  2.2 研究开发的含义与企业价值的衡量   50
  2.3 R&D 与企业价值衡量的研究设计   56
  2.4 R&D 与企业价值衡量的回归结果与分析   62
  2.5 研究结论及政策性建议   70

第3章 武汉凡谷财务战略三维矩阵分析与优化   74
  3.1 所处行业与经营风险   74
  3.2 财务战略的文献综述   80
  3.3 财务战略评价基本理论   85
  3.4 武汉凡谷财务战略三维矩阵分析   91
  3.5 武汉凡谷财务战略优化   124
  3.6 研究结论   128

参考文献   130

第1章　智力资本与企业绩效

在研究智力资本与企业绩效关系之前，我们先对经济增长的贡献要素进行一下梳理。围绕这一主题，西方经济学家对经济增长问题的研究经历了一个不断深化的过程。

1.1　经济增长理论

广义的经济增长理论可以追溯到以亚当·斯密、大卫·李嘉图为代表的古典政治经济学派。但是，在19世纪后半叶到20世纪40年代的这一时期，除马歇尔、魏克赛尔和熊彼特等人之外，绝大多数西方经济学家不重视对增长理论的研究[1]。从1939年哈罗德模型开始，经济增长问题重新引起西方经济学家的广泛兴趣和重视，形成现代经济增长理论。

现代经济增长理论源于以凯恩斯有效需求理论为基础的动态经济学，它大体上经历了四个发展阶段，即资本决定论、外生技术进步决定论、人力资本决定论、内生技术进步决定论。资本决定论的典型表达形式是哈罗德—多马模型。这一模型的结论是：资本积累是经济增长的决定性因素，只要政府进行长期干预，就可以实现资本主义市场经济条件下的充分就业和长期均衡增长。以索洛—斯旺为代表的新古典经济增长理论证明，无须政府干预，技术进步可以实现经济的长期均衡增长。但是，他们把技术进步看作是外生变量，解释不了从总增长率中扣除要素投入产出带来的增长率的余额，即"余值增长"。

面对"余值增长"的困惑，舒尔茨于1961年提出了人力资本理论。他把资

---

[1] 余永定，张宇燕，郑秉文. 西方经济学 [M]. 北京：经济科学出版社，1997.

本分为物质资本和人力资本，强调人力资本在经济增长中的决定性作用。认为通过教育、健康等方面的投资，把一般的人力资源转变为具有较高质量的人力资本后，能够提高劳动的生产率，产生"知识效应"和"非知识效应"，促进经济增长；并且，人力资本能够产生递增效益，又可以扭转资本和劳动要素边际收益递减的趋势，保持经济的持续增长。1968年，舒尔茨对人力资本进行了扩展分析，在经济增长研究中引入当时尚未形成很大影响的科斯等人关于制度变化的社会选择研究，认为各种资源配置制度、产生人力资本的制度（教育和培训）、技术创新制度以及自由竞争制度等都是经济增长的内生变量，并随着经济增长的变化而变化。舒尔茨拓展了斯密"制针厂的故事"，强调分工的好处主要在于加速知识积累，而不是在物资设备的使用方面，认为由于分工、专业化人力资本积累带来的收益递增可以突破经济增长的任何限制。他还吸收了阿伦·杨的有益思想，并在1986年提出经济增长应该源自专业化、专业化的人力资本和递增收益，尤其强调专业化的人力资本是递增收益的一个重要源泉。

20世纪80年代中期，以罗默、卢卡斯、贝克尔、巴罗等为代表的一批经济学家，在20世纪60年代知识外溢、边干边学和人力资本等理论基础上，运用数学工具，相继发表了研究经济长期增长的模型，被简称为"新增长理论"。新增长理论用规模收益递增和内生技术进步来说明一国经济长期增长和各国经济增长率产生差异的原因，又称内生增长理论。该理论的创新意义主要表现在：把知识和人力资本作为内生变量正式引入经济增长模型，强调知识和人力资本是经济长期增长的主要源泉和决定性因素；认为教育对人力资本的形成至关重要，巴罗的实证研究表明一国的教育水平与经济增长是正相关的，Gregorio和Lee通过对100多个国家的数据进行分析，发现教育因素（如平均受教育程度、教育分布及公共教育支出）在缩小收入差距方面发挥了重要作用；突破了传统经济增长理论中要素收益递减和规模收益不变的假定，认为专业化的知识和人力资本的积累可以产生递增收益并使其他投入要素的收益递增从而总的规模收益递增；解释了国际经济增长差异性普遍存在等问题，并承认市场机制可能造成资本主义市场经济的动态低效率，认为适当的政府干预有助于经济增长，譬如保护知识产权，鼓励研究和开发，支持教育等一切有利于知识积累、技术创新和发挥人力资本作用的制度条件。

在经济增长理论的发展演化进程中，先是把物质资本积累看作是经济增长的唯一决定因素，而后才逐渐认识到物的因素和人的因素具有替代性，且经济增长的基本问题并非投入多少数量的物质因素,而是经济社会中拥有的创造财富的能力,即知识资本(知识、技术进步等)和存在于活劳动中具有积极、能动的创新能力的人力资本的积累和形成能力。特别是"新增长理论"更是把人力资本置于经济增长模型的核心地位,用新的数理工具计量研究人力资本的特殊作用和一般意义,论证了人力资本特别是一般的人力资本(即知识)的积累是一种社会的过程,呈现收益递增的态势,是经济持续增长的永久源泉和根本推动力。

1.2 智力资本的理论基础

目前国内外关于智力资本的研究主要分为三个学术流派:人力资本流派以现代人力资本理论为基础;战略流派以资源基础观为理论基础;知识管理流派是基于知识管理理论[①]。20世纪90年代前,学者们对智力资本的研究都是蕴涵在经济增长理论、人力资本理论、企业竞争优势理论以及知识管理理论等研究中[②]。随着知识经济的不断深化,知识资源的重要地位逐渐上升,才慢慢作为独立的体系进行研究。这些理论的发展与完善,为智力资本的研究奠定了殷实的理论基础。

1.2.1 智力资本流派

(1) 人力资本流派

人力资本理论是在经济学家研究社会经济增长时从经济增长理论的研究中发展出来的一个新的分支,他们的出发点都是对经济增长源泉的探索。古典经济增长理论认为经济的增长取决于劳动、资本、土地、技术进步和经济制度等诸多因素,认为无论是生产性劳动还是技术进步对经济增长的贡献都要依赖于资本的积累,认为资本积累是经济增长的决定性因素。新古典经济增长理论强调了技术进步对经济增长的决定作用,但是却将技术进步作为一种外生变量予

---

① 李东伟,汪克夷. 智力资本流派研究[J]. 科技进步与对策,2009,20.
② 沈群红,胡汉辉. 组织知识理论的发展与结构[J]. 管理工程学报,1999,13.

以考察①。新经济增长理论进一步指出，知识经济条件下，决定经济增长的物质因素已经弱化，技术、知识和人力资本等因素的作用开始强化，报酬递增的经济增长方式，要求人们重视知识的创新、技术的进步和人力资本的投资。

1960年美国著名经济学家西奥多·W.舒尔茨在美国经济协会的年会上做了题为《人力资本投资》的演说，阐述了许多无法用传统经济理论解释的经济增长问题，明确指出人力资本是当今时代促进国民经济增长的主要原因②。在这种对经济增长源泉的探索背景之下，人力资本理论应运而生。同时期对这一理论作出突出贡献的学者主要有贝克尔、丹尼森，分别从不同角度对人力资本进行了论述。人力资本理论的内容主要包括如下三个方面：①人力资本以人为载体，表现为蕴含在人身上的各种生产知识、劳动与管理技能、健康素质的存量总和；②企业通过各种投资形成人力资本，具体的投资通道包括在校期间的教育、职业期间的集体培训、流动员工的再培训、员工的医疗保健等；③在经济增长中，人力资本的作用大于其他资本。企业应该把人力资本的再生产视作一种投资，而这种投资的经济效益是经济增长的一个重要源泉，人力资本投资能带来极高的投资回报率③。

人力资本理论突破了传统理论认为物质资本才是经济增长唯一源动力的束缚，将企业的资本划分为人力资本和物质资本，从一个全新的视角来认识经济理论和实践。它的理论价值在于：①突破了传统经济增长因素对土地、资本等的局限，首次提出人力资本对经济增长的贡献优于物质资本，发展了经济增长理论；②过去的理论研究侧重于描述技术进步的贡献，人力资本理论则特别强调企业要重视对人力资本的投资，从而使人力资本的研究更加细致和具体，使人们能更直观地认识人力资本的作用；③揭示了人力资本的"外部效应"或"外溢效应"。各种知识的应用不仅可以使知识、人力资本自身增加收益，而且可以提高其他生产要素的使用效率；④认为人力资本是不可流动的。就员工个人来说，在各个企业之间是可以流动的，但一旦员工加入特定的企业一段时间之后，其形成的专属于该企业的人力资本在另外企业之间的流动成本很高。加上人力资本的积累是不可复制的，使人力资本具有非流动性。企业中的"非流动性"成员不仅包括权利级别的企业家层面，还包括拥有企业核心技术和能力的技术

---

① Solow 的技术决定论观点，因此成为1987年诺贝尔经济学奖得主。
② 舒尔茨. 论人力资本投资 [M]. 吴珠华，译. 北京：北京经济学院出版社，1990.
③ 贝克尔. 人力资本 [M]. 梁小明，译. 北京：北京大学出版社，1987.

人员、管理人员、营销人员等。人力资本的不可流动性指导企业要培育和吸引高素质人力资本,从而获得竞争优势[1]。

人力资本流派认为人力资本是获取企业竞争优势的关键资源,是企业价值创造的中心枢纽。学者们在此基础之上发展得出了智力资本理论,这是人力资本理论在微观层面上的具体应用,将人力资本理论的研究视角延伸至企业。企业智力资本是人力资本的深化与提升,是更高一级的人力资本[2]。

(2) 战略管理流派

智力资本研究的战略流派是战略管理中资源基础理论的延伸,是企业战略管理与智力资本研究交叉整合的产物。智力资本作为企业的战略性资源,智力资本理论成为解释企业竞争优势来源的基本理论,为了正确把握智力资本对组织绩效的贡献作用,我们对企业竞争优势理论进行回顾。

最早对企业竞争优势进行专门研究的是以迈克尔·波特教授等为代表的行业结构学派,其思想是一个企业在市场上的业绩表现主要取决于它所参与竞争的产业环境,企业的行业定位决定了行业内企业的竞争优势,企业绩效的差异来源于存在于组织外部的市场结构和市场行为,这些行业结构因素包括进入或者退出某一行业的门槛、行业内政府政策及监管、产出的差异化等[3],故此理论被称为企业竞争优势外生论。随着企业外部经营环境的变化,企业之间的竞争愈来愈激烈,出现了处于同一行业中的企业在面临同一市场境况时其绩效水平却相差悬殊。为了合理解释这些现象,相应的竞争优势理论从组织外部演变到了组织内部。

企业是一个具有许多潜在服务效用的不同性质的资源集合体,资源发挥效用的范围由企业现有的知识水平决定[4]。企业所拥有的资源决定了企业可以选择进入的市场和预期的报酬。企业在技术诀窍和能力方面的异质性是企业持续竞争优势的源泉,这为智力资本理论中关于价值实现的理论铺垫了基石。20 世纪 80 年代后期随着市场需求的多样化,技术创新和产品升级愈演愈烈,市场竞争变幻莫测。在这种背景下,战略资源观越来越受到重视,从组织内部来寻求企业的竞争优势逐步成为主流战略理论之一。

---

[1] Mueller D. C. Corporation and Conflict in Contractual Organizations [J]. Quarterly Review of Economics and Business, 1984 (4): 24 - 49.
[2] 李建民. 人力资本通论 [M]. 上海: 三联书店, 1999.
[3] 迈克尔·波特. 竞争战略 [M]. 北京: 华夏出版社, 1988.
[4] Penorse. The Theory of Growth of the Firm [M]. London: Basil Blackwell Press, 1959.

资源基础论的兴起,是因为有人发现产业内绩效的差异要大于产业间绩效的差异,这无法用结构学派的观点进行解释。它最早由 Wernerfelt 于 1984 年在 A Resource – based View of the Firm 一文中提出来,其基本目标是通过更细致地分析企业这个"黑箱",寻找企业竞争优势的核心所在。该理论认为虽然企业外部的行业结构和市场机会确实对企业的竞争优势有一定影响,但更本质的原因是企业这个特殊的资源集合体对各种资源的合理配置使用。其主要思想是:企业具有不同的有形的和无形的资源,各种资源的用途和来源都不同,通过合理安排能形成强有力的资源优势。企业的绩效并非单纯凭其竞争策略就能获得,更重要的是企业应审慎评估本身的资源与能力是否足以支持其竞争策略。那些能够在长期市场竞争与发展中发挥作用,建立起竞争优势的资源必须是有价值的、稀缺的、不能被完全模仿和替代的战略资源。这些资源是不可流动的且难以复制,它们能转变为独特的能力,企业之所以能取得异于其他企业的绩效正是通过对这种独特资源的组合利用,形成企业持久的竞争优势[1]。其创新之处在于:放弃了新古典经济学中关于"企业是同质的、以追求利润最大化为原则"的理性人假设,转而承认企业是异质的资源(包括知识、技术等)或能力的集合体。

(3) 知识管理流派

知识管理流派的理论基础是知识基础论,认为企业所拥有的知识决定了其各方面的能力,包括企业在新产品上的研究开发能力、整合企业文化的能力、在市场上推广产品或服务的能力等。知识基础论的基本思想是:承认知识对企业价值创造的贡献作用,通过在企业内部营造一种氛围,让每一位员工都能吸收、共享、利用组织内部和外部的知识和信息,实现自身的知识积累。继而将个人和组织中的知识整合到企业的产出和服务中去,最终促进企业创新能力的提高,带来绩效的提升[2]。知识管理理论提供了一种方法对智力资本进行计量,并阐明如何引导智力资本中的知识成分进行企业价值创造。知识基础论注重知识潜力的挖掘,并强调通过特定的渠道传递、分配、转化、共享和创新知识。按照知识基础论的观点,企业中智力资本管理的重点就是如何充分利用企业内部的知识。代表人物 Brooking 认为智力资本的内涵包括:①企业内部的全部知识,既包括已经形成的有外在表现的知识,也包括蕴含在组织内部不易察觉的知识;②对组织中知识的传承过程,如研发、员工学习和交流、企业文化

---

[1] Wernerfelt, B. A Resource – based View of The Firm [J]. Strategic Management Journal, 1993 (2): 171 – 180.
[2] 杨瑞龙,刘刚. 企业的异质性假设和企业竞争优势的内生性分析 [J]. 中国工业经济,2002,1.

的形成等；③对知识应用后形成的产出，如企业申请的专利、注册商标或其他带有知识产权性质的资产。Brooking 强调智力资本的精髓就是"企业所有能够带来利润的知识和技能等全部知识资本总和"①。Roos et al. 认为："智力资本是雇员资本（个人知识）、组织资本（组织知识）的总和"，并强调要想对智力资本进行有效的应用和管理，必须落实好员工个人的知识向组织融合的过程，也就是说要建立一定机制保证个人知识由内在隐性的知识转变为外在显性的知识，进而升华成为组织内部的一种团体知识，并进一步通过组织与员工互动和协作创造出新知识（即组织知识）②。很显然，组织知识并不是组织中员工具有的个人知识的简单相加，而是要通过员工与员工之间、员工与组织之间的融合和渗透才能体现为企业的组织知识，在企业的运营中发挥能动作用带来价值的提升。知识管理流派认为，智力资本管理能同时实现组织的知识目标和组织的战略目标。Bassi 等在综合相关智力资本和知识管理的研究成果基础之上提出了一种"智力资本管理模式"。模型中描述了智力资本管理的三个模块：首先是组织内部已经存在的智力资本的调用；其次是关于知识管理的流程与知识和智力资本相互促进的过程；最后是表现出来的企业绩效提升与智力资本的增值。综上所述，企业对知识进行管理的能力会直接影响企业的智力资本开发与利用，设计优良且运行良好的知识管理流程会对企业智力资本管理起到重要促进作用③。按照这一思想，企业的智力资本管理应重视知识形成和转化的流程，加强在知识的具体应用过程中将知识转换为企业能够拥有和控制的智力资本。

1.2.2 资源基础观下的智力资本

（1）资源基础观的内涵

1959 年，Penrose 在其著作《企业成长理论》中谈到，企业应当是由各式各样的生产要素组成的资源集合体，而不应仅仅是一个类似于黑箱式的投入产出系统。1984 年，Wernerfelt 在 Penrose 这一思想的基础上，正式提出资源基础观

---

① 安妮·布普金. 第三资源—智力资本及其管理 [M]. 大连：东北财经大学出版社，1998.
② Roos et al. Intellectual Capital：Navigating in the New Business Landscape [M. New York：New York University Press，1998.
③ Bassi, L. J. and Van, Buren M. E. Valuing Investment in Intellectual Capital [J]. International Journal of Technology Management，1999（6）：414-432.

的概念。作者认为，企业就是各种资源的组合，既包括有形的资源，例如娴熟的工人、贸易合同、各种机器设备、所拥有的资金等，也包括了各种无形的资源，比如品牌、企业文化、技术、各种程序等。在此之后 Barney 在 1986—1991 年间开始探讨企业的资源与可持续竞争优势之间的关系。他指出，企业资源的异质性和非流动性决定着企业能否获得并持续提升自身的可持续竞争优势。根据资源观，作为企业持续竞争优势来源的战略资源，必须具有四个方面的特质：①有价值。即能够在市场环境中自主地把握住机会创造财富或者阻碍竞争威胁，同时完成自我积累与增值；②稀缺性。稀缺性会导致挤出效应，一个企业对这种稀缺性资源的占有则意味着对其他企业的排出，从而带来持续竞争优势。相反，当一个企业所拥有的资源其他企业也拥有时，则无所谓这种独占性，那么所有企业都可以根据各自所拥有的相同或者类似的资源执行大体相似的战略，没有企业能够获取竞争优势；③难以模仿性。资源的难以模仿能保证企业从要素投入这一初始环节开始即具有的优势，通过资源的合理配置实现其他企业无法匹敌的战略。其他企业在短时间内无法效仿这些资源及其组合、资源的配置，进而实施相同的战略，保证了企业优势战略的优势地位；④不可替代性。如果企业利用一种资源产生的财富创造效应，同时通过合理利用另外一种资源完全可以达到同等效应，那么这种资源即是可替代的，其他企业可以通过运用该种替代资源来实施优势战略，这势必会削弱这种资源的战略价值[①]。

（2）智力资本：企业取得优势绩效的关键来源

第一，智力资本是有价值的。人力资本是组织重要的资源，一旦人力资本融入具体的企业，就成为依附于企业的具有独创性的资源。人力资本的技能素质和态度等会通过企业具体的生产程序渗透并物化在商品和服务等一系列的产出中，从而带来产品和服务的价值；结构资本是人力资本在具体应用后形成的组织成员无法带走的、专属于组织的资本。当人力资本与结构资本良好地结合，融入企业的经营运转中后，一方面会提高现有物质资本的利用效率，创造更多的价值；另一方面各项资本利用效率的提高反过来会推动智力资本的自我增值，从而更好地服务于企业[②]。

---

① Barney, J. B. Strategic Factor Markets: Expectations, Luck and Business Strategy [J]. Management Science, 1986 (42): 1231 – 1241.
② 原毅军. 智力资本：企业价值的新增长点 [J]. 中国软科学, 2001, 11.

第二，智力资本是稀缺的。智力资本在本质上抽象地体现为各种知识与运用这些知识的能力的总括。进一步地，每一个企业有其特定的组织结构，特定的管理理念和文化氛围，人力资本一旦与具体的企业文化及其特定的行为方式联系在一起，便告别其共通的性质，成为嵌入组织内部的独特的智力资本，能被企业的员工领会、学习，也可以被企业的顾客和竞争对于所感知，但是只能为企业所独占，其他企业不能在公开的市场上通过交易获得，因此智力资本必然是稀缺资源。融入企业中的高水平人力资本以及员工个人的技术或知识是稀缺的，高层次结构资本也是稀缺的，有效的组织结构、良好运行的各种规章制度和管理模式、激励机制以及企业文化、品牌、信誉等都不是所有企业可以兼备的。

第三，智力资本是难以模仿的。就资源而言，竞争者要模仿必须存在两个要素：第一，竞争者必须能很准确地确认竞争优势的来源；第二，竞争者必须能准确地复制人力资源与这些资源发挥作用所存在的条件。对于智力资本来说，竞争者的模仿受到这两个条件的阻碍。企业内部的智力资本要经历长期的投资、积累和提升才能一点一点形成，这一过程包括了各项资本自身的完善，还包括资本与企业之间不断的融合。这些过程都因行业、企业而异，其效果也会大相径庭。特定的历史条件决定了智力资本的这一系列过程本身就是无法复制，因此，智力资本是没办法模仿的。人力资本以企业的员工为载体，尽管会随着员工的流动而进入其他企业，但是不能与所在的企业组织文化良好融合的人力资本也很难谈得上创造价值。结构资本中包含的企业价值观、内外部关系资本等都是只能依托于企业才能显现出来的，要经历独特的历史、经过岁月的沉淀才能形成，因此这些都是难以被模仿的。所以智力资本也是难以模仿的。

第四，智力资本是难以替代的。和物质资本侧重于物质本身的自然属性不同，智力资本的使用价值更多地依赖于其承载的知识的使用价值。大部分智力资本只能在企业内部生成，这个过程的特殊性和特定环境的作用造成智力资本在企业之间的相对独立性和与企业的不可分割性①。

智力资本是一种战略资源，它具有有价值、稀缺、难以模仿和难以替代的特点。根据资源观，战略资源是企业绩效差异的来源，是企业持续竞争优势的

---

① 李冬琴. 智力资本与企业绩效的关系研究 [D]. 博士学位论文. 浙江大学，2004.

来源①，直接决定着企业之间的绩效差异。

1.3 智力资本的研究综述

  智力资本的研究起源于人们对知识和无形资产对经济发展作用的关注。公司的市场价值和账面价值相差悬殊，引起了学术界广泛的注意。学者们开始不断地探索财务报表中所隐藏的那些"看不见"的价值。而这些隐藏的价值在传统的财务报表中是很难体现出来的。有形资产与企业价值相关性的淡化，传统的财务报表无法全面揭示和解释公司的真正价值，许多学者认为企业的真正价值与账面价值的差额不能简单地归功于传统会计标准下记录的无形资产，这使得智力资本这一价值驱动因素开始登上舞台。此后，关于智力资本的研究如雨后春笋般出现在学者们的视线中。

  无论从社会经济这个宏观的角度，还是站在企业这个微观层面，面对竞争日益激烈的经济环境和与日俱增的顾客期望，企业对智力资本的开发与利用、管理能力已经成为当今时代企业发展必须好好把握的一把钥匙，掌管着企业的绩效表现和持续优势。掌握了对智力资本进行有效管理的公司可以在竞争中立于不败之地。对企业绩效起着决定性推动作用的智力资本，在企业战略目标实现过程中的地位越来越不容忽视。当今时代的企业要想获得独一无二的竞争优势，保持长久的具有优势的绩效，就必须认识到智力资本这一战略性资源对企业的意义，深化智力资本对企业绩效的贡献这一认识，从而有策略地加大对智力资本的投资开发力度，对其进行有效的管理②。目前，国内外已有众多学者致力于智力资本的内涵、构成等理论问题的研究，理论研究需要实证方面相应的论证，所以对智力资本与公司价值创造以及绩效优势的形成进行系统的研究就显得尤为重要。

1.3.1 关于智力资本内涵的研究

  1969 年，美国经济学家加尔布雷斯（John Kenneth Galbraith）首次提出智力

---

① 傅传锐. 智力资本对企业竞争优势的影响——来自我国 IT 上市公司的证据 [J]. 当代财经，2007，4.
② 袁庆宏. 智力资本管理 [M]. 北京：经济管理出版社，2001.

资本这一术语，他认为智力资本不仅包括知识，还包括了相应的智力活动[①]。其在本质上不仅仅是一种静态的无形资产，而且还是有效利用知识的过程，是一种达到目的的方法、实现目标的手段。但是他仍然没有给出一个完整的定义，也没有界定其内涵。直到1994年，托马斯·A. 斯图尔特（Thomas A. Stewart）才系统地对智力资本的内涵进行界定，从而使得智力资本这一概念得以普及：所谓智力资本是每个人能为公司带来竞争优势的一切知识、能力的加总，凡是能用来创造财富的知识、信息、技术、智力财产、经验、组织学习能力、团队沟通机制、客户关系、品牌声誉等都是智力资本。

此后，越来越多的学者投入智力资本的研究之中，国内外学者们都各自从不同的角度给出了不一样的概念。总体来说，关于智力资本概念研究的起步和成熟都在国外学者研究之中，这些关于智力资本的概念研究，大致分为两个流派：其中一个流派倾向于从企业所拥有的无形资产的角度来认识智力资本，Brooking（1996）认为智力资本是可以让公司得以良好经营运转的全部无形资产的抽象概念，Knight（1999）认为智力资本是企业各项无形资产的集合，包括员工累积的经验和自身具备的能力和技术等，Johnson（1999）认为智力资本是通过配置员工的知识和技能所形成的新的要素。另外一个流派则倾向于从知识的角度来认定智力资本，Edvinsson and Malone（1997）认为"智力资本是企业知识与能力的综合"。本书沿着后一个流派的思路，认为智力资本的实质就是企业拥有或者控制的知识和能力的加总。

1.3.2　关于智力资本构成的研究综述

不同流派的学者们对智力资本给出了不同的概念，进而对智力资本的构成也形成了不同的划分方法。

Stewart（1994）提出智力资本主要由人力资本、结构资本和顾客资本三个部分构成，即 H – S – C 结构。

Brooking（1996）认为智力资本等同于无形资产，她将智力资本定义为由紧密结合的四个部分组成的"整合体"：市场资产、人力资产、知识产权以及基础设施资产。

[①] 李浩，戴大双. 西方智力资本理论综述 [J]. 经济经纬，2003，6.

Bontis(1996)将智力资本划分为人力资本、结构资本、关系资本三大部分。具体来说,人力资本指企业的雇员所具备的全部知识的集聚;结构资本指企业战略目标指导下企业培育出的各种分析问题和解决问题的能力;关系资本存在于企业与外界之间,具体指它们之间的诸多联系。

Edvinson & Sullivin(1996)将企业的智力资本分为人力资源和结构性资本两部分。进一步地,人力资源囊括企业内部与人的因素有关的全部内容,包括公司的股东、员工以及其他任何将自身拥有的知识和能力运用到企业的个人;结构性资本是指独立于这些人力资源而存在的企业中的其他技能,包括各个方面的有形无形的因素。

Hubert(1996)认为智力资本可以分为人力资本、结构资本、顾客资本。其中人力资本依附于员工个人存在,体现为一种心态,包括工作态度、价值取向、生活信念。结构资本存在于企业内部各个成员之中,是员工心态上的契合,从而规范成的组织文化、价值规范。顾客资本存在于员工与顾客之间,是一种内心的默契,在企业向顾客提供产品或服务的过程中所达成的价值上的共识。

Youndt(1996)认为企业的智力资本由三部分构成:人力资本、组织资本和关系资本。其中人力资本指依附于个人的知识、技术和能力等;组织资本则包括企业内部的组织架构和企业文化、操作流程等;关系资本则指"人力资本和组织资本之间的相互作用"。

Edvinsson & Malone(1997)提出了Skandia的市场价值架构,他们指出智力资本包括人力资本和结构资本。进而包括顾客资本、组织资本、创新资本等。

Roos(1998)也认同上述的智力资本的二分法,但是人力资本与结构资本所具有的内涵与上述表述不完全一致。

Lynn(1998)也将智力资本分为人力资本、关系资本、组织资本。其中人力资本为组织成员可使用的知识存量、技巧和能力;关系资本指来源于企业外部且能为企业创造价值的无形资产,包括供应商关系、顾客忠诚度及满意度;结构资本指除人力资本及关系资本以外的智力资本,包括企业运作系统、生产流程、企业文化等。

Johnson(1999)指出智力资本包含四要素:人力资本、创新资本、流程资本以及关系资本。其中,人力资本指有专业知识的雇员、员工解决问题的能力和日常运营中的工作态度,同时也包括了企业管理层独特的技能禀赋;创新资本主要涵盖企业的专利权、商标权、知识产权、信息系统等智力财产；流程资本指企业内部的运作流程；关系资本指与顾客、供应商以及网络成员的互动关系。

Sveiby（2001）认为智力资本包括员工能力、内部结构和外部结构三个组成部分。员工能力指员工运用专业素质解决问题的能力；内部结构包括专利权、观念、模式、组织文化、管理信息系统等；外部结构指企业与上游供应商、下游顾客之间的关系。

通过对上述几种具有代表性的智力资本构成划分的综述，我们知道由于智力资本的外延很广，学者们目前还无法统一地对其进行具体的整体描述。我们对这些分类方法作了大致的总结，参见表1－1。

表1－1　　　　　　　　　　智力资本构成总述表

	代表性人物	构成分类
二分法	Edvinsson & Sullivin（1996） Edvinsson & Malone（1997） Roos（1998）	人力资本、结构资本
三分法	Stewart（1994）　Hubert（1996）	人力资本、结构资本、顾客资本
	Bontis（1996）	人力资本、结构资本、关系资本
	Youndt（1996）　Lynn（1998）	人力资本、组织资本、关系资本
	Sveiby（2001）	员工能力、内部结构、外部结构
多元分类法	Brooking（1996）	多个部分的混合物
	Johnson（1999）	人力资本、创新资本、流程资本、关系资本

根据以上综述可以看出，对于智力资本的构成目前学术界主要分歧在于：企业与上游供应商、下游顾客之间的关系资本究竟是结构资本的一个组成部分，还是与结构资本和人力资本一起并列作为智力资本的构成要素？学者大都只是提出自己的见解，未作细致的研究从而给出完整的解释。我们认为，企业与外部的顾客、供应商的关系，与战略伙伴等其他利益相关者的网络关系都属于关系资本的内涵范畴，它是具体的企业文化应用的产物，成长于企业殷实而且有效的结构资本的臂膀下，它应当属于结构资本的一个组成部分。企业内部与外部的各种关系资本只有真正地融合到企业结构资本中去，才会发挥其作用，反

之则只能归于人力资本的范畴。

我们认同上述的二分法，即智力资本＝人力资本＋结构资本。人力资本、结构资本两者的实质都是企业所拥有的知识和能力。人力资本是指凝结在员工身上的，通过组织协作能够物化在企业的产出和服务之中，并且能提高这些产出和服务的效用。它不仅包括企业所雇用所有员工的个体知识、工作经验以及为客户解决各种实际问题的能力，同时还涵盖员工个人的知识补充与积累能力、吸收组织内部知识和经验的能力，即员工的学习能力。结构资本是一种基础性的起辅助作用的支撑，在这个平台上智力资本才能更好地实现其价值[1]。它不像物质资本那样有具体的直观表象，它只能渗透在整个组织的生产经营活动中，能够给企业带来更高的收益，能为企业创造更多的价值。人力资本包括企业员工、领导层自身所具有的各种知识和认知能力，作为一种原动力可以推动企业的创新和发展。但是，人力资本只有融入结构资本这个环境中后两者才能升华为优的智力资本，为企业创造可持续的竞争优势。这两大资本相辅相成，相互依存，共同提升，与物质资本一起共同实现企业的目标。而一个企业中的知识应该是流动着的，不断推陈出新的，故而智力资本的要素之间必然共同发展，相互带动。人力资本的投资会为企业集聚更优秀、更有能力的员工，相应地，这些员工自我学习能力的加强会带来整个企业各方面效率的提高和组织管理方面的完善，从而带动组织的结构资本更加殷实。智力资本的两个组成因子完美的结合则会为企业创造更好的财务业绩，提升了企业可持续发展的能力。

1.3.3 关于智力资本度量方法的研究

智力资本作为企业的战略资源，对企业的价值创造有着深远的影响，决定着企业的可持续竞争优势。传统的财务报表在体现智力资本的价值方面几乎为空白，而目前智力资本的开发和利用已经成为企业未来创新和利润增长的主要推动力，对智力资本进行准确的度量和有效的管理有着十分重大的意义，相关的理论研究一直如火如荼。但是，因为智力资本自身的特性，对其进行度量难度较大因而仍未形成统一的计量口径，目前比较公认的有如下几种度量

---

[1] 帕特里克·沙利文. 价值驱动的智力资本[M]. 赵亮，译. 北京：华夏出版社，2002.

方法①。

(1) 市场价值与账面价值比较法

智力资本的研究开始进入学者们的研究视野，初始就是由于企业市场价值与账面价值相差越来越大的现象。后来的深入研究中一部分学者根据这种差异来实现对智力资本的度量（Edvinsson & Malone，1997）。在此种度量方法下，一个企业所拥有的智力资本的价值即企业市场价值与账面价值的差额。用此种方法计算的数据容易取得，简便易行，原理也容易理解，但是有其欠妥之处。第一，企业的账面价值是根据企业会计准则记录的各项资产的历史成本的价值总和，而市场价值反映的是一个企业潜在的未来发展能力。两个指标计算的口径不同，衡量的时点不同，涵盖的内涵也不尽相同；第二，不同的时期同一项资产反映出来的账面价值会随着企业会计准则的调整而变更，市场价值反映的是对未来盈利能力的估计，比较客观，波动的空间较小。按照此方法计算出来的智力资本会随着企业会计政策的变更而不同，这样就大大削弱了企业之间的可比性。

(2) Tobin's Q 值法

Tobin's Q 值法是根据著名经济学家 Tobin 设计的 Q 值来对企业的智力资本进行计量，具体的计算公式为：Tobin's Q = 市场价值/重置价值。这种计量方法采用了有形资产的重置价值这一计量基础，和上一方法相比，克服了企业账面价值因具体的会计政策差异带来的不稳定性，相对提高了企业之间的可比性。

(3) 智力增值系数法（Value Added Intellectual Capital，即 VAIC 法）

VAIC 法是由 Ante Pulic 在 2000 年开发出来的一种评价系统，其测量的并不是企业拥有的智力资本的直接价值，而是运用物质资本和智力资本进行价值增值的效率。其主要思路是：企业是物质资本和智力资本的结合体，企业的绩效则取决于对这两种资本运用的能力，即智力能力，用智力增值系数 VAIC 来表示。对企业绩效的评价包括对物质资本增值效率的评价和对智力资本增值效率的评价。在这一方法的具体计算过程中，选用的指标全部来自企业对外披露的经过独立审计的财务报表，数据容易取得，计算口径一致，而且数据的可信度较高。我们即选取了这一测度方法，在本章第6节中会有详细介绍。

---

① 徐程兴，柯大钢. 关于智力资本价值计量方法的探讨 [J]. 南开管理评论，2003，5.

(4) Skandia 导航器模型

1995 年，世界著名的金融服务机构、瑞典 Skandia 公司经理 Leif Edvinsson 在"无形资产负债表"和"平衡计分卡"思想基础之上，创建了符合本公司实践的"斯堪迪亚导航仪（The Skandia Navigator）"。该模型从五个方面（财务、顾客、过程、创新与发展、人力资本）对该公司的智力资本进行了分析和评价，并在以后的实践中逐步形成了完善的评价[①]。一方面，通过该模型能够全面地评价组织的发展状况以及蕴含的潜力；另一方面，正如模型设计者所构想的那样，该模型可以像导航仪一样帮助企业确定未来发展的方向。这种计量方法考虑了历史数据、目前情况和未来的发展。采用的指标比较全面，范围涉及组织运行过程中的各个环节。但是，该模型仅仅是选用一些替代指标来衡量智力资本，没有提供智力资本价值的货币计量方法。而且，指标因具体企业而异，绝大多数的企业很难将该模型投入本公司的实际应用。尽管如此，该模型在国内外关于智力资本的研究中仍然很普遍。

(5) 平衡计分卡模型（Balanced Score-cards）

该模型由哈佛的 Kaplan 和 Norton 教授提出，于 1996 年开始用于计量企业的智力资本。他们认为知识经济时代企业应将有限的精力放在获取可持续竞争能力所需的关键因素上，包括财务状况（盈利水平、资产的流动性、市场份额等）、业务流程状况（设备投入、产品质量、售后服务等）、顾客状况（营销模式、顾客满意度等）、学习和创新状况（员工能力、新产品的研发、创新能力的培养、信息系统等）[②]。平衡计分卡是对公司各方面绩效的综合计量，该方法兼顾财务指标与非财务指标、企业短期与长期战略目标，能够将高层次的企业战略目标一步一步落实成具体、切实可行的经营目标，但是企业要想设计出适合自己的有价值的平衡计分卡通常比较困难。

(6) 无形资产监测器模型

Sveiby 领导的 Konrad 工作小组研究得出了无形资产负债表这一报告模式，他们认为企业的市场价值大大高于账面价值的关键就在于无形资产，包括：雇员能力、内部结构和外部结构。雇员能力是指员工处理事情的能力，包括自身的技能、经验和价值观等；内部结构由企业的管理模式、一系列的运营系统、

---

① 金明津，段海宁. 一种成功的知识资本评估模型—Skandia 模型探析［J］. 南开经济研究，1999，6.
② Kaplan, R. S., D. P. Norton. Strategic Learning and Balanced Scorecard［J］. Strategy and Leadership, 1996 (5): 47.

企业文化组成，这些通常都凝聚于企业内部；外部结构包括顾客、供应商、品牌形象和商标等，表现为企业对外的多边协调关系。1997 年 Sveiby 发表了著作《新的组织财富》，其中对其提出的"无形资产负债表"进行了修正，引入了时间维度，在发展和完善之后提出了新的智力资本计量及报告模式"无形资产监测器"（Intangible Assets Monitor）。

1.4　智力资本对企业绩效的作用

1.4.1　智力资本与企业绩效关系的文献综述

（1）国外有关智力资本与企业绩效关系的研究综述

Nick Bontis（1998）最早开始对智力资本与企业绩效关系的研究，他提出可以用因子分析法和偏最小二乘法等计量方法来测量，并设计模型以帮助企业领导者更好地管理企业的知识资本。指出智力资本的研究大有可为，能使公司更具有战略眼光。

Nick Bontis（2000）将智力资本分成人力资本、结构资本、客户资本，采用问卷调查法研究马来西亚服务业与非服务业公司中智力资本各构成部分相互之间的关系，以及各自与企业绩效的关系。结果表明，不管在哪个行业，人力资本都是智力资本的核心，客户资本都对结构资本有重大影响，结构资本与企业绩效有正相关关系；相对于服务业，非服务业中人力资本对结构资本的影响更大。

Ahmed（2003）以企业资源基础观和利益相关者为视角，选取美国跨国公司面板数据，展开了智力资本与企业绩效关系的研究。研究发现，资产总收益与企业拥有的智力资本之间存在相关性，从而证实智力资本对样本公司的绩效有显著的正向影响。

Steven Firer 和 Smitchell Williams（2003）选取了南非的 75 家国有贸易企业作为样本，采用企业智力增值系数 VAIC 来分析南非知识密集型企业智力资本和企业绩效（利润率、生产率、市场评价）之间的关系。结果表明，人力资本对生产率产生显著的正向影响，结构资本与企业利润率之间存在适度的正相关关系。

Pena（2002）选取了新创企业作为研究对象，分析了智力资本与新创企业的生存与发展之间的关联性。研究发现，人力资本、组织资本和关系资本对新创企业的绩效有显著的正向影响。

Marvidis（2004）选取银行作为研究对象，采用智力增值系数VAIC分别研究了日本银行和希腊银行中智力资本对企业绩效的贡献。结果表明，智力资本对企业绩效产生显著的正向影响作用，而且这种影响作用因国家、银行而异。

（2）国内有关智力资本与企业绩效关系的文献综述

陈劲，谢洪源，朱朝晖（2004）以浙江省高科技企业为样本进行问卷调查，将智力资本分为人力资本、结构资本、创新资本和客户资本，并自行设计了智力资本定性评价指标体系，利用多元回归分析对智力资本与企业绩效的关系进行了实证研究。结果表明，智力资本的四个组成部分之间存在显著相关关系，且这四个部分作为一个整体对企业绩效有促进作用。

李嘉明（2004）选取了计算机行业30家上市公司作为研究对象，采用智力资本的三分法，运用相关性分析及多元回归分析法对智力资本与企业绩效的关系进行了实证研究。结果表明，物质资本与企业绩效之间存在显著的正相关关系，人力资本对企业绩效也有贡献，但在统计上不十分显著，而结构资本对企业的获利能力有负面影响。

万希（2006）选取了中国2003年度运营最佳公司作为研究对象，采用智力增值系数VAIC模型，通过相关性分析及多元回归分析法对智力资本与企业绩效的关系进行了实证分析。结果表明，物质资本、结构资本与企业获利能力显著正相关，人力资本对企业获利能力有积极作用但是统计上不显著。

张炳发，万威武（2006）通过向制造业上市公司发放调查问卷，采用路径分析的方法，对知识资本投资对企业绩效的促进机制进行研究。结果表明，企业的知识资本投资能殷实结构资本，从而显著地促进企业绩效，相比之下，知识资本投资通过形成人力资本、关系资本进而对企业绩效的贡献作用不够明显。

傅传锐（2007）选取了2002—2004年我国信息技术行业上市公司作为研究样本，利用条件分量回归方法对智力资本与公司业绩的关系进行了研究。结果表明，人力资本和物质资本对企业绩效均具有显著的正向促进作用，而结构资本的这一作用仅体现在绩效较好的公司中。

刘超，原毅军（2008）选取了 2005 年 98 家 IT 上市公司为样本，运用分位数回归模型对智力资本与企业绩效之间的关系进行检验。结果表明，智力资本对企业绩效具有显著的正向促进作用，并且这种促进作用随着企业绩效的不断上升而逐渐加大。

王智宁，吴应宇，叶新凤（2008）选择截至 2006 年底持续 6 年挂牌交易的 A 股信息技术业的 52 家上市公司作为样本，运用线性多元回归方法对智力资本与企业可持续成长的关系进行研究。结果表明，智力资本与企业的可持续发展能力有正的相关性。其中，物质资本和人力资本对可持续发展能力有显著的促进作用，而结构资本的这一作用则不显著。

蒋琰，茅宁（2008）以对江苏、浙江等地的企业发放问卷调查的方式搜集样本，采用智力资本的三分法，通过结构化方程构建了四个嵌套模型进行了研究。结果表明，人力资本需要通过关系资本和结构资本的中介才能对企业绩效发挥作用，企业绩效的可持续增长更多地取决于企业的智力资本。

卢馨，黄顺（2009）以 2004—2006 年制造业、信息技术业和房地产业的上市公司为研究样本，采用智力资本的二分法对智力资本与企业绩效的关系进行了实证研究。结果表明，结构资本与企业绩效负相关，人力资本只有与结构资本良性结合才能显著地提升企业绩效。而且不同的行业所依赖的智力资本的主要方面也不同。

陈晓红，雷井生（2009）通过向上海、浙江、广东和长沙的中小企业高层管理人员发放调查问卷来搜集数据，采用智力资本的三分法，来研究智力资本的各方面与三个维度的中小企业绩效的关系。结果表明，人力资本能显著地提高中小企业的技术创新能力和市场能力，从而带来财务绩效的提高。结构资本为人力资本和关系资本的完美结合提供平台，三者共同推动企业的技术创新能力和市场能力。但是，中小企业的知识资本对财务绩效并无显著的直接促进作用。

智力资本与企业绩效的关系研究目前尚处于初始阶段，而这些研究更多地采用问卷调查的方法来搜集数据，由于研究者各自的侧重点不同故而具有很强烈的主观性，未能形成具有代表性的结论，因此，有必要加强智力资本对企业绩效促进作用的研究。进一步说，智力资本与企业绩效之间的关系并不是单一的，在运营情况好和运营情况欠佳的公司中截然不同①。在现有的研究智力资本和企业绩效关系的文献中，针对不同绩效表现的企业中智力资本的驱动作用的差异很少见。因此，我们在已有研究成果的基础上，从理论上完善智力资本对企业绩效贡献的分析，进而采用实证方法分行业探讨信息技术业智力资本组成部分对企业绩效的促进作用，并运用线性分量回归法来探讨智力资本对不同绩效表现的企业在绩效方面的影响。

1.4.2　智力资本的构成对企业绩效的作用

智力资本作为固化于组织内部独特的专属性资源，具有稀缺性与自我增值性，可以为企业带来区别于其他企业的有优势的绩效，是企业绩效可持续增长的主要源泉②。

(1) 人力资本对企业绩效的作用分析

凝聚在员工身上的知识、技能及运用这些知识和技能的能力即人力资本。长期以来，人力资本理论、经济发展的相关理论研究都探讨且证实了人力资本是企业的关键资源。人力资本在智力资本的价值创造中起着核心的关键作用，在企业中是极具开发潜力和价值创造活力的一种资源。Barney（1991）指出企业员工的知识和能力应用到组织中去形成企业的人力资本，这个过程导致了人力资本本身的主观能动性、积极性和自主创新性，保证企业实现其战略发展目标。因此，不论是理论界还是实务界关于人力资本贡献的研究层出不穷。已有的大量研究也证实了人力资本确实对企业绩效有显著的影响。资源观理论也重点强调了员工作为企业的内部资源对企业竞争优势的形成与发展的贡献，该理论指出传统的资金、土地等资源对竞争优势的促进作用已经不如从前，人力资本的贡献却不容忽视。在知识经济时代的竞争氛围中企业要想获得恒久的成功，必须转变观念，开始注重人力资源的投资与开发，从而培育出比竞争对手更有能力、更有经验、更能融入企业文化的员工③。实证研究发现，涵盖知识、态度、经验、能力在内的人力资本，能显著影响企业的绩效。员工要想胜任所在的工作岗位，必须要具备相应的教育水平和知识，这直接影响员工的表现。员工的

---

① 万希. 智力资本理论研究综述 [J]. 经济学动态, 2005, 5.
② 原毅军, 孙晓华. 智力资本的价值创造潜力 [J]. 科学技术与工程, 2005, 3.
③ Pfeffer, J. Competitive Advantage through People [M]. Boston: Harvard Business School Press, 1994.

态度作为其行为的先导，影响着工作的积极性，从而会带来工作效率的差异，也会影响企业的绩效。员工的工作经验能够使员工在具体的操作中更加得心应手，能降低组织运营的时间成本和生产成本。经验丰富的员工自然熟练程度高，组织的劳动生产率都会跟着相应提高。能够迅速地领会新知识，熟悉操作技巧的员工在实际运用这些知识的同时必然能不断地提升各方面的能力，提高整个组织的工作效率，提升企业绩效[1]。

创新是企业生存和发展的精髓，而人才是创新的灵魂，企业的任何创新都离不开员工所拥有的知识和能力。对拥有高素质员工的企业来说，每个员工的知识都是独特的、专有的，其自身不断的知识积累和知识更新使得企业具有差异化的竞争优势，带来有竞争力的绩效[2]。

（2）结构资本对企业绩效的作用分析

结构资本是组织的一种协作机制、一种整合机制、一种协调机制，像血液一样流动于企业的每一个经营管理环节，保证组织各部分的顺畅运作。企业的结构资本可以将员工所专有的知识、经验和技能转化为专属于组织的财富，结构资本的运用效率直接体现了组织聚合人力资源、创造价值的潜在能力和运作机制。结构资本的表现形式多种多样，它既可以蕴含在企业的组织机构、制度规范、企业文化之中，也可以体现为企业的价值体系、创新机制、激励模式、学习能力、团队精神等。作为一种协作机制结构资本可以通过信息传递和相互沟通的方式来影响每个员工的行为，继而在整体上影响企业的经济绩效和竞争能力。随着组织的发展，结构资本也处于不断发展、不断调节、不断完善。作为组织内生的一种协作机制，结构资本也具备了资本的性质有自我增值的属性，实现组织和员工的共同成长，带来整体组织绩效的提升。

结构资本对于充分发挥智力资本的作用占有举足轻重的地位。结构资本是由企业组织所内生的一种组织力，它直接反映了企业整合各类资源、发挥系统效率的竞争能力，并且这种能力是可以不断积累并持续发挥作用的。结构资本能完成企业内部各类资源的整合，包括人力资源和物质资源的结合及企业是否能够吸引并保留适合的人力资源去掌控、运作企业所拥有的物质资源；还包括人力资源相互之间的契合，企业通过结构资本使组织中每一位员工形成共同的

---

[1] 程承坪，谢科范. 论企业家人力资本的开发、配置及其与企业绩效关系 [J]. 南开管理评论，2001，5.
[2] 冯子标. 人力资本运营论 [M]. 北京：经济科学出版社，2000.

协作意愿，统一于共同的组织目标和结构框架，协调地发挥作用，以达到"互补凝聚，共赴事功"的状态。在企业内部需要自身特有的结构资本来承载并传播企业的价值观，并去协调既定的企业组织目标和复杂多变的人性以及个人需求之间的矛盾。企业就是由这些不同人性、不同需求的各类人力资源组成的复杂结合体，其中每个成员都有着各自不同的思维模式和行为习惯，都会在一定程度上影响企业组织目标的实现。因此，企业结构资本所形成的价值体系必须通过自身的一定机制传递到每位员工中去，同时，组织成员的行为和态度也会通过这种机制影响企业的价值体系。我们可以认为，结构资本在企业目标和员工需求之间架起了一座桥梁，发挥着重要的协调作用，使企业和员工得到共同的成长，并且也正是在这种相互协调的过程中不断使企业结构资本得到积累和完善。

结构资本包括组织资本与关系资本。Lee et al.（2001）实证研究探讨了新设立企业的内部能力对企业绩效的贡献作用，其中内部能力的内涵类似我们所说的组织资本概念，它包括有利于组织战略实施的一系列流程和方法、固化于组织内部为组织专有的技术能力等。我国学者张钢（2000）也对组织资本进行了系统的研究，提出"组织资本能通过企业战略、结构与文化的协调作用将物质资本和纯粹的人力资本调动到实现企业技术创新的轨道上来，最终提高企业整体的技术水平，带来经济效益的增加"[1][2]。关系资本包括企业与供应商的关系、企业与顾客的关系、企业与其他利益相关者的关系。企业与外界的关系资本可以让企业更容易获取更多资源，增强企业的竞争优势。学者们关于关系资本的价值创造研究大都是间接的，例如，通过改善与消费者的关系会带来更多的销售，通过增加与供应商的关系能保证原材料的需求供应更有效，良好的信誉会大大吸引现有或潜在的顾客，从而最终提高企业的绩效。结构资本是企业生产经营和管理活动中的一种制度安排，是企业拥有的一种组织能力，它能够整合企业内外的所有资源，为人力资本提供一个价值创造的平台。

---

[1] 张钢. 从人力资本到组织资本：一个对"经济人"假设的拓展分析[J]. 自然辩证法通讯，2000，22.
[2] 张钢. 人力资本、组织资本与组织创新[J]. 科学学研究，2000，1.

1.5 企业绩效的指标设计

本节讨论的企业绩效是指财务维度的经营绩效，其内涵是某个特定经营期间的企业经营效益和业绩。对企业进行经营绩效评价，一方面能对企业内部管理提供相关资料，使得企业的运转和管理更加有效率；另一方面也给企业的利益相关者提供了实时依据，以便于其及时了解和评价企业的运营状况和竞争能力，企业经营绩效是一个多维度的多元化概念。从现有的研究成果来看，学者们对企业绩效的评价方法有很多种，包括层次分析法、模糊综合评价法、灰色关联度分析法、因子分析法、TOPSIS 等。综合来说，绩效评价已从对单一的指标进行评价发展成为对多种绩效指标的全面评价。企业绩效有多个维度的表现，包括企业的盈利能力、企业的偿债能力、企业的发展能力、企业的运营效率等。不同维度绩效有相应的指标构成，考虑到这些指标的相互关联性，我们选取了因子分析法，从多个维度的绩效指标中提炼出几个能综合反映企业绩效的代理变量，展开信息技术业智力资本与企业绩效的研究。

1.5.1 因子分析法

因子分析是通过研究多个原始指标的相关矩阵的内部相关关系，采用较少的公因子替代原有变量，将每个原有变量表示成公因子的线性组合，各个因子反映的是所研究对象的内在本质。然后对提炼得到的综合指标根据专业知识和指标所反映的独特含义给予命名。通过因子分析法，指标的维度大大减少，对指标的分析也更加简洁高效。其属于多元分析中的一种降低维度的统计方法，核心思想是应用多元统计学的方法对相关指标权重进行客观赋值。

1.5.2 企业绩效指标设计的具体实现

（1）指标选择

为了全面而且科学地反映企业的绩效，我们借鉴现有的研究成果，分别从上述四个维度的绩效中各自选取了3个总共12个指标,通过SPSS软件对这些指标进行因子分析,并最终得出一个综合指标来作为各个样本公司绩效的考察变量。如表1-2所列示。

表1-2 各个维度绩效的衡量指标一览表

指	标	现实意义
获利能力指标	营业利润率	反映企业每获得1元的收入能够给企业创造的利润,指标越大,说明企业的获利能力越强
	资产净利率	是企业一定时期的净利润与期末平均资产总额的比率,反映的是企业对资产的利用效果,该指标越大,说明企业运用总资产获得收益的能力越强
	净资产收益率	是企业一定时期净利润与期末平均净资产的比率,它反映企业利用自有资金的效率,该指标越高,企业自有资本获取收益的能力越强,对企业投资人、债权人的保证程度越高
偿债能力指标	资产负债率	是企业期末负债总额对期末资产总额的比率,反映的是企业资产对债权人权益的保障程度。该指标是反指标,值越小表明企业长期偿债能力越强
	流动比率	是企业流动资产与流动负债的比率,它衡量企业流动资产在短期债务到期以前,可以变现用于偿还负债的能力。该指标越大企业的短期偿债能力越强
	速动比率	指企业速动资产与流动负债的比值。它剔出了存货等变现能力较弱且不稳定的资产,是流动比率的补充。一般情况下,速动比率越高,表明企业偿还流动负债的能力越强
发展能力指标	总资产增长率	企业本年总资产增长额同年初资产总额的比率,反映企业本期资产规模的增长情况
	营业利润增长率	是企业本年营业利润增长额与上年营业利润总额的比率,该指标值越高,表明企业获利能力越强
	主营业务收入增长率	是本期主营业务收入增长额与上期主营业务收入的比值,反映企业收入的增长情况,该指标越高则企业的市场前景越好

续表

指　　标		现实意义
资产运营效率指标	应收账款周转率	是企业一定期间销售收入与应收账款平均余额的比值，公司的应收账款如能及时收回，公司的资金使用效率便能大幅提高
	存货周转率	是企业一定时期营业成本与平均存货余额的比率，是反映企业生产经营各环节中存货运营效率的指标。该指标越高，表明其变现的速度越快，周转额越大，资金占用水平越低
	总资产周转率	它是企业一定时期营业收入净额与平均资产总额的比值，可以用来反映企业全部资产的利用效率。该比率越高，表明企业全部资产的使用效率越高

（2）指标处理

上述指标中资产负债率越高说明企业的偿债能力越小，为反指标，进行因子分子法之前首先对该指标进行了正化处理，选用原指标的倒数来代替。然后通过 SPSS 将所得到新一组的 12 个指标标准化以期消除指标不同量纲的干扰，得到标准化的数据，然后提取公因子进行分析。为了使表达更加简明，我们将标准化的变量按照表 1 – 2 所列示的顺序分别定义为：X_1、X_2、X_3、X_4、X_5、X_6、X_7、X_8、X_9、X_{10}、X_{11}、X_{12}。

①适用性检验。用 SPSS 对上述 12 个标准化的变量进行 KMO（Kaiser – Meyer – Olkin）检验和 Bartlett's 球形检验，结果如表 1 – 3 显示。KMO 统计量一般介于 0—1，一般认为若该统计指标在 0.5—1 则可以进行因子分析。本节该指标为 0.645，符合条件。Bartlett's 球形检验用于检验相关阵是否是单位矩阵（原假设：相关阵是单位阵）。本节中卡方检验结果表明，Bartlett's 球形检验的卡方统计值为 2320.394，$P < 0.0001$，拒绝原假设，可以进行因子分析。

②变量之间相关性。对样本公司 12 个指标的值进行标准化后，得到如表 1 – 4 所示的相关系数矩阵表：

表 1 – 3　　　　　　**KMO 检验和 Bartlett's 球形检验结果表**

KMO and Bartlett's Test		
Kaiser – Meyer – Olkin Measure of Sampling Adequacy.		0.645
Bartlett's Test of Sphericity	Approx. Chi – Square	2320.394
	df	66
	Sig.	0.000

从表1-4中关系值可以看出,12个指标相互之间都具有很强的相关性,而且在统计上显著。

表1-4　　　　　　　　　　相关系数矩阵表

	X_1	X_2	X_3	X_4	X_5	X_6	X_7	X_8	X_9	X_{10}	X_{11}
X_1	1.000	…	…	…	…	…	…	…	…	…	…
X_2	0.701 (0.00)	1.000	…	…	…	…	…	…	…	…	…
X_3	0.636 (0.00)	0.898 (0.00)	1.000	…	…	…	…	…	…	…	…
X_4	0.357 (0.00)	0.319 (0.00)	0.143 (0.02)	1.000	…	…	…	…	…	…	…
X_5	0.331 (0.00)	0.263 (0.00)	0.129 (0.03)	0.900 (0.00)	1.000	…	…	…	…	…	…
X_6	0.376 (0.00)	0.303 (0.00)	0.167 (0.01)	0.913 (0.00)	0.991 (0.00)	1.000	…	…	…	…	…
X_7	0.174 (0.01)	0.287 (0.00)	0.388 (0.00)	-0.113 (0.05)	-0.122 (0.04)	-0.103 (0.06)	1.000	…	…	…	…
X_8	0.005 (0.46)	0.035 (0.30)	0.032 (0.32)	-0.022 (0.37)	-0.022 (0.37)	-0.020 (0.38)	0.262 (0.00)	1.000	…	…	…
X_9	0.039 (0.28)	0.132 (0.20)	0.206 (0.00)	-0.106 (0.06)	-0.103 (0.06)	-0.091 (0.09)	0.644 (0.00)	0.223 (0.00)	1.000	…	…
X_{10}	0.449 (0.00)	0.358 (0.00)	0.348 (0.00)	0.238 (0.00)	0.190 (0.00)	0.207 (0.00)	0.107 (0.06)	0.025 (0.35)	0.026 (0.35)	1.000	…
X_{11}	0.441 (0.00)	0.479 (0.00)	0.427 (0.00)	0.388 (0.00)	0.270 (0.00)	0.330 (0.00)	0.113 (0.05)	0.005 (0.47)	0.048 (0.24)	0.557 (0.00)	1.000
X_{12}	-0.255 (0.00)	0.106 (0.06)	0.124 (0.03)	-0.158 (0.01)	-0.091 (0.09)	-0.090 (0.09)	-0.012 (0.43)	0.070 (0.15)	0.030 (0.33)	0.246 (0.00)	0.328 (0.00)

③计算特征值及贡献率。为了保证在解释公共因子时更明显,本节进行分析时采用的是方差最大化正交旋转法,使因子间方差差异达到最大,旋转后的主因子的特征值和贡献率如表1-5所示。

表1-5　　　　　　　　　主因子特征值和贡献率一览表

Component	Initial Eigenvalues			Extraction Sums of Squared Loadings			Rotation Sums of Squared Loadings		
	Total	% of Variance	Cumulative %	Total	% of Variance	Cumulative %	Total	% of Variance	Cumulative %
1	4.084	34.031	34.031	4.084	34.031	34.031	3.034	25.283	25.283
2	2.504	20.865	54.895	2.504	20.865	54.895	2.930	24.420	49.703
3	1.488	12.399	67.294	1.488	12.399	67.294	1.772	14.764	64.467
4	1.250	10.413	77.707	1.250	10.413	77.707	1.589	13.240	77.707
5	0.819	6.828	84.535	…	…	…	…	…	…
6	0.734	6.113	90.648	…	…	…	…	…	…
7	0.410	3.415	94.063	…	…	…	…	…	…
8	0.333	2.771	96.835	…	…	…	…	…	…
9	0.207	1.723	98.558	…	…	…	…	…	…
10	0.110	0.919	99.477	…	…	…	…	…	…
11	0.057	0.476	99.952	…	…	…	…	…	…
12	0.006	0.048	100.000	…	…	…	…	…	…

从表1-5可以看出：旋转前第一个公因子的方差贡献率为34.031%，第二个为20.865%，第三个为12.399%，第四个为10.413%。旋转后方差贡献率发生了变化，但四个公共因子的重要性地位并未发生变化，且总信息量也未发生改变。提取的四个公共因子特征值的累计贡献率已经达到77.707%，涵盖了原始指标的绝大部分信息。

④变量共同度。从表1-6可以得出：提取的4个公因子与速动比率的依赖程度最强，达到了0.966，其次是流动比率为0.954，在其他变量中平均都在0.8左右。因此，总体来说，公共因子与原始变量间的相关程度较强，即具有代表性。

表1-6　　　　　　　　　变量共同度一览表

标准化的指标	Initial	Extraction
X_1	1.000	0.809
X_2	1.000	0.838
X_3	1.000	0.838
X_4	1.000	0.923

续表

标准化的指标	Initial	Extraction
X_5	1.000	0.954
X_6	1.000	0.966
X_7	1.000	0.771
X_8	1.000	0.436
X_9	1.000	0.712
X_{10}	1.000	0.562
X_{11}	1.000	0.704
X_{12}	1.000	0.813

⑤载荷矩阵。通过表 1-7 中的 12 个指标在 4 个主成分中的载荷值的大小可以分析出这 4 个主成分的经济内涵。从表 1-7 中数据可以看出，第一个主成分因子在标准化的资产负债率（X_4）、流动比率（X_5）和速动比率（X_6）上的载荷较大，主要用来解释偿债能力，集中反映了偿债水平；第二因子在企业盈利能力方面的指标上（X_1、X_2、X_3）载荷较大，集中反映获利方面的信息；第三因子在发展能力方面的指标上（X_7、X_8、X_9）载荷较大，反映的是增长水平，第四因子在企业资产运营能力方面的指标上（X_{10}、X_{11}、X_{12}）载荷较大，反映企业运用资产的效率。

表 1-7　　　　　　　　　各个主因子载荷矩阵表

标准化的指标	Component			
	1	2	3	4
X_1	0.272	0.853	-0.030	-0.083
X_2	0.162	0.881	0.104	0.159
X_3	0.001	0.885	0.175	0.152
X_4	0.943	0.171	-0.059	0.032
X_5	0.970	0.105	-0.043	0.021
X_6	0.970	0.153	-0.036	0.038
X_7	-0.145	0.332	0.797	-0.058
X_8	0.077	-0.140	0.628	0.126

续表

标准化的指标	Component			
	1	2	3	4
X_9	-0.093	0.119	0.829	-0.041
X_{10}	0.159	0.447	-0.022	0.580
X_{11}	0.280	0.470	0.011	0.636
X_{12}	-0.157	-0.125	0.063	0.877

⑥计算因子得分。将4个公因子表示为12个指标的线性形式，得到表1-8所示的得分系数矩阵表。

表1-8　　　　　　　　因子得分系数矩阵表

标准化的指标	Component			
	F1（偿债能力因子）	F2（盈利能力因子）	F3（发展能力因子）	F4（运营能力因子）
X_1	-0.013	0.350	-0.102	-0.182
X_2	-0.049	0.325	-0.033	-0.018
X_3	-0.104	0.341	-0.006	-0.022
X_4	0.330	-0.050	0.032	-0.013
X_5	0.351	-0.083	0.053	-0.012
X_6	0.345	-0.065	0.051	-0.007
X_7	-0.023	0.070	0.432	-0.085
X_8	0.107	-0.170	0.410	0.107
X_9	0.028	-0.036	0.484	-0.043
X_{10}	-0.008	0.093	-0.055	0.333
X_{11}	0.037	0.074	-0.026	0.367
X_{12}	-0.047	-0.167	0.040	0.622

根据表1-8所示的因子得分系数矩阵，我们得出4个主成分的因子得分函数如下：

$$F_1 = -0.013X_1 - 0.049X_2 - 0.104X_3 + 0.330X_4 + 0.351X_5 + 0.345X_6$$
$$- 0.023X_7 + 0.107X_8 + 0.028X_9 - 0.008X_{10} - 0.037X_{11} + 0.047X_{12}$$

$$F_2 = 0.035X_1 + 0.325X_2 + 0.341X_3 - 0.050X_4 - 0.083X_5 - 0.065X_6$$
$$+ 0.070X_7 - 0.170X_8 - 0.036X_9 + 0.093X_{10} + 0.074X_{11} - 0.167X_{12}$$

$$F_3 = -0.102X_1 - 0.033X_2 - 0.006X_3 + 0.032X_4 + 0.053X_5 + 0.051X_6$$
$$+ 0.432X_7 + 0.410X_8 + 0.484X_9 - 0.055X_{10} - 0.026X_{11} + 0.040X_{12}$$
$$F_4 = -0.182X_1 - 0.018X_2 - 0.022X_3 - 0.013X_4 - 0.012X_5 - 0.007X_6$$
$$- 0.085X_7 + 0.107X_8 - 0.043X_9 + 0.333X_{10} + 0.367X_{11} + 0.622X_{12}$$

⑦业绩指标综合值。最后,通过计算出样本公司各年的因子得分,以各主成分的方差贡献率占所有因子总方差贡献率的比重作为权重进行加权汇总,便可以得到样本公司具体的综合得分 F 作为企业绩效的考察变量,即

$$F = (25.283F_1 + 24.420F_2 + 14.764F_3 + 13.240F_4)/77.707$$

按照此模型计算得出的 F 越大,说明企业的综合绩效就越好。

1.6 智力资本与企业绩效的实证研究

从现有的研究成果来看,学者们无论是理论分析还是实证研究大都认可了智力资本已经成为企业价值创造的关键驱动力这一结论。资源基础观告诉我们,企业拥有的智力资本决定了企业的持续竞争优势,决定着企业的绩效差异。我们以现有的研究成果为基础,采用因子分析法对企业绩效进行综合计量,选用智力增值系数法衡量企业的智力资本增值潜力,采用线性分位回归法在信息技术业中检验智力资本与企业绩效的关系,为以后智力资本的管理提供经验依据。

1.6.1 研究设计

(1) 样本描述

信息技术业属于知识密集型行业,创新是这类行业的灵魂,只有不断地推陈出新企业才能获得稳定的市场,而且生产的产品生命周期短,一旦有更新换代的产品推出,之前的产品便失去了市场,这类企业的市场波动风险较大。这样就需要大量的投入研发,要配备高素质的人才队伍,形成有实力的智力资本。我们在深、沪两市上市交易的 A 股上市公司中选取了属于信息技术业上市公司作为研究对象,选取 2004—2008 年数据作为研究样本进行研究。按照我们研究目的,同时为了保证所选用数据的有效性,我们对原始的样本数据进行了如下

筛选：①只保留2002年末已经上市且至2007年持续经营的样本数据；②剔除样本中被特别处理的公司数据，因为这些数据与正常水平偏离比较大，异常的数据会影响研究结果的可靠性；③剔除了样本数据中指标出现异常值的公司样本，这些样本使得样本不具有代表性。根据此标准，最后共得到信息技术业42家上市公司210个数据样本。

（2）变量定义

①自变量——智力资本。前文中已经介绍了目前在智力资本相关理论研究中存在多种关于智力资本度量方法。每种方法都有其各自的特点，在实际应用中也有各自局限。学者们根据自己的研究目的选择性地尝试着将这些测度方法运用到实证研究中。我们将继续沿着前人的研究思路，借鉴Steven Firer（2003）采用的度量方法——VAIC法对智力资本进行度量，从而展开实证研究。VAIC法并不是像计量传统的资产价值那样直接对企业的智力资本价值进行测量，而是通过一种价值增值效率来展现智力资本的价值。这种方法已经得到广泛的应用：国外有Mavridis and Kyrmizoglou（2003）通过VAIC法对希腊的银行进行智力资本分析，同年Mavridis（2003）也运用这种方法对希腊上市公司的智力资本水平进行度量，Mavridis（2004）也通过此种思路检验了日本银行的智力资本；国内也不断地有学者借鉴VAIC法的框架对智力资本进行度量，从而开展实证研究。万希（2006）运用这种方法对2003年度中国运营最佳公司的智力资本进行研究，台湾学者Shiu（2006）运用这种方法展开了台湾的上市公司智力资本与企业绩效关系的研究，傅传锐（2007）同样将此种方法运用到了信息技术业企业智力资本的衡量中。在智力资本研究的领域中，VAIC法起着举足轻重的作用。

企业的资本包括财务资本和智力资本，企业通过合理运用这两大类资本来创造价值。VAIC法首先根据Skandia模型的思想认为企业价值的增加是由物质资本和智力资本产生，再引入效率的概念。其主要思路是：对企业绩效的评价包括对这两类资本增值效率的评价，智力增值系数VAIC等于物质资本增值系数与智力潜力增值系数之和。该方法蕴含的一个原理是：凡是能够带来企业价值的因素，无论是运营过程中自发产生的还是组织培养后投入的，无论是有形的资产还是无形的智力资产，都可以囊括在VAIC的评估体系中。物质资本增值系数（用CEE表示）用来量化企业运用物质资本给企业带来的增值效率，智力潜力增值系数按照智力资本的二分法又包含两部分：人力资本增值系数（用HCE

表示），衡量企业人力资本的增值效率；结构资本（用 SCE 表示），衡量企业结构资本的增值效率。关于企业的智力增值系数的具体计算步骤如下：

第一步，计算价值增值。价值增值（用 VA 表示）的计算采用的是产出扣除投入这一思路，但是目前学者们的研究中有关价值增值的计算存在不同口径，研究中考虑到我国企业财务报表披露的现实状况，为了保证数据的准确性和可靠性，我们选择如下方法来计算企业的价值增值：

$$VA = 利润总额 + 工资费用 + 利息费用 \qquad 式1-1$$

式 1-1 中：利润总额：直接取自企业对外披露的经审计的利润表；工资费用：我国目前的信息披露中尚未形成完善的工资费用披露体系，本节选用现金流量表中的"支付给职工以及为职工支付的现金"作为替代变量；利息费用：等于利息收入与利息支出的差额，同样考虑到数据的披露问题，本节选择利润表中的"财务费用"作为替代变量。

第二步，分别计算 VAIC 的组成部分。

$$CEE = VA/CE \qquad 式1-2$$

$$HCE = VA/HC \qquad 式1-3$$

$$SCE = (VA - HC)/VA \qquad 式1-4$$

$$VAIC = CEE + HCE + SCE \qquad 式1-5$$

式 1-2、式 1-3 中：VA：为企业的价值增值，计算方法如式 1-1 所示；CE：衡量企业的物质资本，用企业的净资产来考察；HC：衡量企业的人力资本，即员工的总支出，代表企业的总工资费用，计算方法如式 1-1 中"工资费用"。

②被解释变量——企业绩效。本节后面的研究中都采用上一节分析中得到的 F 值作为企业综合绩效的代理变量。

③控制变量——企业规模，资产负债率。企业规模（SIZE）根据资本结构领域的相关研究成果，相比于小规模企业而言，大规模企业经营多元化，对风险的应对速度比较快，承受能力也较强，会具有更大的企业绩效，本节采用期末总资产的自然对数作为企业规模的考察变量，作为模型的控制变量。资产负债率（DEBT）指标用来控制企业的资本结构对企业绩效的影响。

（3）提出假设

从第四节的分析中我们知道智力资本的各个组成部分都对企业绩效有促进作用，是企业之间绩效差异的来源，是企业竞争优势的推动力。智力资本这种异质性资源作为企业的战略资源，资源本身的异质性决定了智力资本形成以及投入都具有异质性，使企业的产出也具有独特的竞争力，限制了其他竞争企业的威胁，从而获得所在领域的独特的竞争优势。信息技术业属于高科技行业，行业特点为知识密集度高、从企业的研发到生产到产品投放市场不仅要有物质保障还要有大规模的研发资金投入、同行业内的竞争激烈、随时面临被淘汰的风险，经营得当的企业往往获得较高的市场份额和创造更大的效益。这些相比于传统的制造业都大为不同，注定了其在资源投入、资本积累和资本运营管理方面的特殊性。首先，人力资源成为首要资源。高素质且有很强技术能力的员工队伍是企业持续竞争优势的关键来源；其次，在信息技术业中，从企业价值创造的角度来看，其主要价值增值的源泉来自未在传统财务报表中反映的隐形资产，也就是我们研究的智力资本。企业所拥有的设备、厂房、原材料只有在高效益的智力资本带动下才能发挥更大的价值。综合理论分析，我们提出如下假设：

H1：人力资本与企业绩效显著正相关。

H2：结构资本与企业绩效显著正相关。

H3：物质资本与企业绩效显著正相关。

H4：随着企业绩效的不断提高，人力资本对绩效的贡献作用逐渐增大。

H5：随着企业绩效的不断提高，结构资本对绩效的贡献作用逐渐增大。

（4）模型构建

智力资本的开发和积累是一个不断发展和不断调整的过程，在企业发展的不同阶段不同的战略目标也决定着企业依赖的资源应有所不同，对智力资本的投资和其价值创造作用会相应地有不同的表现。为检验企业的一般资源和战略资源对业绩的影响作用的变化趋势，我们采用线性分量回归（linear conditional quantile regression）方法进行检验。线性分量回归方法最早由 Koenker 和 Bassett 在 1978 年提出，其基本思想是通过使加权误差绝对值之和最小来获取参数估计。其各个分量上的回归系数可以理解成解释变量在相应分量上对被解释变量的影响程度。和普通最小二乘法相比，分位数回归法克服了一般回归方程的缺陷，运用同样的一组数据可以获得更多的解释变量与被解释变量之间的统计关系。分量回归能估计出在给定解释变量的条件下，被解释变量在不同分量上的条件分量值，它能更加精确地描述解释变量对被解释变量的条件分布，即在不同的分量下解释变量是否对被解释变量有不同的影响。因此，当回归得出的不同分量上的系数显著不相等时，说明解释变量对被解释变量的作用是随着分量的变化而变化的。此外，分量回归还是一种稳健回归，其能减轻异常值、非对称分布对估计的影响。通过它我们可以观察分布中不同分位点上解释变量的不同作用，其对系数的估计值不会受离散值或奇异值的影响，具有稳健性。因此线性分量回归法在多个领域被学者们普遍应用：Mal 和 Pohlman（2005）运用分位数回归法对资产收益预测与企业中最优资产组合构造的关系进行研究；周开国、李涛（2006）也选择了分位数回归法来探讨国有股权、预算软约束与公司价值；陈旭东、黄登仕（2006）同样采用了分位数回归法进行会计盈余水平与会计稳健性的探索分析；张维迎、周黎安和顾全林（2005）也运用此方法对影响高新技术企业成长的诸多相关因素进行了研究；郑承利、陈灯塔（2006）运用分量回归法重新审视了股市收益率的风险因素等等。线性分量回归模型可表示为：

$$Y_i = X_i^T \times \beta_\theta + U_{\theta i} \qquad 式1-6$$

$$\text{quant}_\theta(Y_i/X_i) = X_i^T \times \beta_\theta \qquad 式1-7$$

式1-6、式1-7中：Y_i：被解释变量；X_i：解释变量；X_i^T 为 X_i 的转置；β_θ：在 θ 分位数时对应的回归系数；$U_{\theta i}$：在 θ 分量上的残差；$\text{quant}_\theta(Y_i/X_i)$：给定解释变量条件下的分量值。

我们以综合值 F 为被解释变量，CEE、HCE、SCE 为被解释变量，企业规模和负债率为控制变量，构造了如下线性分量回归模型，展开对信息技术业的智力资本与企业绩效关系的检验，考察智力资本对绩效的促进作用是否随企业绩效不同而不同：

$$\text{quant}_\theta(F_i/CEE_i HCE_i SCE_i) = \beta_{\theta 0} + \beta_{\theta 1} \times CEE_i + \beta_{\theta 2} \times HCE_i + \beta_{\theta 3} \times SCE_i + \beta_{\theta 4}$$
$$\times SIZE_i + \beta_{\theta 5} \times DEBT_i + u_i \qquad 式1-8$$

式1-8中：$\beta_{\theta 0}$：常数项，$\beta_{\theta i}$ 为系数；CEE_i：第 i 个企业的物质资本增值系数；HCE_i：第 i 个企业的人力资本增值系数；SCE_i：第 i 个企业的结构资本增值系数；$SIZE_i$：衡量第 i 个企业的规模，本节采用期末总资产的对数进行考察；$DEBT_i$：第 i 个企业的资产负债率；u_i：随机扰动项。

如果系数 $\beta_{\theta i}$ 为正数且通过了显著性检验，则说明物质资本、人力资本和结构资本确实能大大地带动企业综合绩效的提升；如果随着分量的增加，$\beta_{\theta i}$ 的数值逐渐增大，则可以看出这种对绩效的提升作用随着企业综合绩效的增加越来越大，从而对我们的理论分析提供经验支持。

1.6.2 实证分析

我们所用数据都来自 CSMAR 数据库,通过数据的收集和整理,在此基础上运用 SPSS17.0 统计软件对模型进行了统计分析。通过描述性统计分析、相关分析和线性分量回归等方法对智力资本与企业绩效之间的关系展开了实证研究。

(1) 描述性统计分析

我们对信息技术业的 A 股上市公司的企业绩效、智力资本的各个组成部分进行了描述性统计,如表 1-9 所示。

表 1-9　　　　　　　　各个变量描述性统计一览表

	Minimum	Maximum	Mean	Std. Deviation
CEE	-0.0617	0.9546	0.2316	0.1474
HCE	-0.7612	13.1226	2.2819	1.3918
SCE	-0.1735	2.3136	0.4798	0.2325
VAIC	0.9213	14.4331	2.9934	1.5349
F	-1.1131	2.8342	0.0000	0.5193

从总体上来看,人力资本增值系数比物质资本增值系数和结构资本增值系数都要大。信息技术业每 1 元的人力资本能创造 2.2819 元的增值,而物质资本只有 0.2316 元,结构资本只有 0.4798 元。如表 1-9 中所示,在智力资本的构成要素中,人力资本给企业带来的价值增值情况明显优于结构资本。换言之,智力资本对企业的增值贡献更多地来源于人力资本,对比起来结构资本的增值效应要小很多。

为了更直观地发现不同绩效表现的企业其智力资本与企业绩效的关系,我们在企业绩效 F 的不同分位点上分别对各个变量进行了描述性统计,具体见表 1-10。从总体上看,企业绩效较高的公司(位于中位数以上)人力资本增值系数大致上要大于企业绩效较低的公司(位于中位数以下)的人力资本增值系数。企业绩效排列靠前的公司中,人力资本增值系数都不低于 2.1553,而在企业绩效排列靠后的公司中,人力资本增值系数最大也不高于 2.2516,几乎和 2.1553

相同。企业绩效排名前5%的公司中，人力资本增值系数为1.6858，远远低于人力资本增值系数的平均值。物质资本增值系数和智力资本增值系数的分布规律类似于人力资本增值系数，都呈现出这样的状态：企业绩效较高的公司相应的变量值要明显大于企业绩效较低的公司。不同的是，结构资本增值系数分布比较平均。有趣的是，不论企业绩效的高低，位于不同区间的公司平均规模相差无几，这从一定程度上保证了本节研究智力资本对企业价值的影响的可信度。更为重要的是，企业绩效低的公司的资产负债比率普遍高于企业绩效高的公司，这说明企业绩效低的公司更可能面临财务困境，企业应该合理安排自身的资金来源，注重投资的效率。

表1-10 在企业绩效F的各个分位点上各个变量分布特征表

变量	<5%	5%-10%	10%-25%	25%-50%	50%-75%	75%-90%	>90%
CEE	0.155803	0.173474	0.208480	0.223232	0.228445	0.323110	0.309042
Std. Deviation	0.080353	0.069366	0.100777	0.123733	0.107527	0.260905	0.124282
HCE	1.685809	2.251670	2.007462	2.245132	2.155321	2.301688	3.326516
Std. Deviation	0.722088	0.998436	0.574588	1.186031	0.726629	1.164426	2.688706
SCE	0.443106	0.491038	0.461066	0.456297	0.492968	0.462366	0.552097
Std. Deviation	0.402608	0.165690	0.153990	0.208611	0.142415	0.224224	0.232184
VAIC	2.284718	2.916181	2.677008	2.924661	2.876734	3.087164	4.187655
Std. Deviation	0.751305	1.150725	0.686156	1.356308	0.857347	1.298989	2.867995
SIZE	9.211346	9.306180	9.376671	9.284542	9.383597	9.300239	9.283603
Std. Deviation	0.424213	0.365343	0.604542	0.532761	0.489608	0.499920	0.576794
DEBT	0.548637	0.505539	0.478385	0.463382	0.432610	0.391205	0.269650
Std. Deviation	0.134111	0.102987	0.110589	0.139289	0.125343	0.129224	0.131325

(2) 相关分析

意图探讨模型中智力资本各个组成部分与企业绩效之间的关系，那么对变量之间进行相关分析必不可少。通过相关分析，我们能很直观地看到两个变量在变化的幅度、变化的大小方面存在的关系。当然，仅仅限于明确两类现象之间的这种关系，至于因果关系我们还无从得知。我们用Pearson相关系数进行相关分析，各个变量之间的相关状况与显著水平见表1-11。

表 1-11　　　　　　　　　　各个变量相关分析一览表

变量	统计值	F	CEE	HCE	SCE	VAIC	SIZE	DEBT
F	Pearson	1	…	…	…	…	…	…
	Sig.	…	…	…	…	…	…	…
CEE	Pearson	0.263**	1	…	…	…	…	…
	Sig.	0.00	…	…	…	…	…	…
HCE	Pearson	0.487**	-0.043	1	…	…	…	…
	Sig.	0.00	0.53	…	…	…	…	…
SCE	Pearson	0.123	-0.222**	0.580**	1	…	…	…
	Sig.	0.06	0.00	0.00	…	…	…	…
VAIC	Pearson	0.485**	0.024	0.991**	0.657**	1	…	…
	Sig.	0.00	0.73	0.00	0.00	…	…	…
SIZE	Pearson	-0.065	0.115	0.002	0.091	0.026	1	…
	Sig.	0.34	0.09	0.98	0.18	0.70	…	…
DEBT	Pearson	-0.541**	0.085	-0.098	0.108	-0.064	0.239**	1
	Sig.	0.00	0.21	0.15	0.12	0.35	0.00	…

说明：**. Correlation is significant at the 0.01 level (2-tailed).

从表 1-11 可见，信息技术业样本公司中所有自变量之间的皮尔逊相关系数都很小，不存在严重的共线性问题，适合进行多元线性回归。

可以看出，企业的综合绩效与物质资本增值系数和人力资本增值系数呈正相关关系，且在 1% 的水平上显著。结构资本与企业的综合绩效有一定的正相关关系，但是在统计上不显著。企业规模与企业的综合绩效是负相关关系，同样在统计上不显著。企业的负债水平与企业综合绩效负相关，在 1% 的水平上显著。信息技术业属于高科技产业，创新是企业维持长期市场份额的唯一通道，这都需要源源不断地投入研发，包括高素质专业人员的引入、先进的符合企业战略目标的组织文化、完善的治理结构等。智力资本的不断积累和随时随地的自我增值，保证了信息技术企业的不断发展。尽管现代企业都努力实施开放式自主创新战略，增强自主创新能力，注重知识和员工能力，而且已经取得一定成效，给企业创造了一定的价值增值，但是相比起来，结构资本的增值潜力还有待挖掘。

(3) 线性分量回归

表 1-12　　信息技术业线性分量回归结果一览表

θ	5%	10%	25%	50%	75%	90%	95%
β_0	-1.136	-0.932	-0.363	0.030	-0.403	0.852	-0.222
	(0.00)	(0.00)	(0.18)	(0.92)	(0.22)	(0.65)	(0.97)
β_1	1.080	0.937	1.005	1.067	1.266	1.571	0.393
	(0.00)	(0.00)	(0.00)	(0.00)	(0.00)	(0.00)	(0.76)
β_2	0.105	0.097	0.112	0.163	0.204	0.251	0.314
	(5.39)	(0.00)	(0.00)	(0.00)	(0.00)	(0.00)	(0.08)
β_3	0.159	-0.062	-0.091	-0.080	-0.029	-0.029	-0.174
	(0.92)	(0.44)	(0.12)	(0.21)	(0.60)	(0.91)	(0.85)
β_4	0.093	0.071	0.020	-0.005	0.055	-0.045	0.130
	(0.00)	(0.05)	(0.50)	(0.83)	(0.12)	(0.83)	(0.88)
β_5	-1.290	-1.005	-1.079	-1.362	-1.689	-2.303	-2.587
	(0.00)	(0.00)	(0.00)	(0.00)	(0.00)	(0.00)	(0.23)

说明：括号内为 P 值。

从表 1-12 的分量回归系数我们看出，信息技术业在所有分量上的回归系数 β_1 都是正数，除了在 95% 分位上，其他分位全部在 1% 的水平上显著，而且随着分量的逐渐增大，系数值也相应地越来越大。这满足了我们的假设 H1：企业的物质资本与绩效正相关，而且绩效越好的企业物质资本对企业绩效的这种促进作用越明显。

信息技术业回归系数 β_2 在所有分量上都是正数，在除了 5% 分位的其他分位上，全部在 1% 的水平上显著，而且随着分量的慢慢变大，系数值也跟着逐渐变大。这满足了我们的假设 H1 和 H4：人力资本对企业的绩效有显著的正向影响。β_2 代表的是企业的人力资本的增值效应，该回归结果说明企业绩效越高，人力资本的价值创造作用越明显，随着企业的发展和绩效的逐步提高，人力资本对企业绩效的促进作用是逐渐上升的。

综合各个分位上的回归结果来看，物质资本增值系数 β_1 都要明显大于人力资本增值系数 β_2，说明在企业的日常经营过程中传统的物质资本仍然扮演着很重要的角色，目前信息技术企业绩效更多地来源于企业对这部分资本的运作。知识经济时代的企业必须把握住知识这一要素的核心地位，尤其是知识密集型的信息技术业企业，创新是发展的灵魂，而这一切都要依赖于智力资本的价值创造潜力，过度地依靠物质资本提高企业绩效带来的发展会受到限制，企业应该注重智力资本投资的效率。

除了在5%分位上，信息技术业回归系数β_3在所有分量上都是负数，说明实际上市公司经验数据表明企业的结构资本对企业绩效有负向影响，而且这种影响全部没有通过显著性检验。这和假设H3不符，结构资本没有对企业绩效发挥积极作用。

大部分分位上系数β_4都是正数，说明企业规模能促进企业绩效的提升，但是这种作用在统计上不显著。说明信息技术业企业不能依靠规模扩张来创造效益。在50%和90%分位上回归系数为负，说明企业规模也会对绩效带来负向影响。

各个分位上回归系数β_5都为负，除了95%分位上这种负向影响都在统计上显著。这说明信息技术业并不会通过负债融资带来企业绩效的提升，企业应合理安排资金来源，过度依赖负债筹资反而会带来入不敷出的效果。

（4）研究结果分析

实证结果表明，在信息技术企业运用资产创造收益方面，传统的物质资本的积极作用仍然不可忽视，而且随着企业的不断成长和绩效的逐渐提高，物质资本的这种正向促进作用越来越明显。这符合我国企业的特征，在过去很长的一段时期内我国经济都是粗放式增长，传统的货币、原材料等物质资本是企业绩效的主要推动力。作为基础性支撑的物质资本，仍然是企业取得收益不可缺少的因素。而当人类社会迈入飞速发展的知识经济时代，决定企业发展格局的关键则是智力资本，这才是企业区别于竞争对手最强有力的战略资源。尽管物质资本在企业价值创造过程的决定性地位有所动摇，但并没有完全消失。在企业的战略资源转向智力资本时，雄厚且高质量的物质资本仍然是必不可少的。

但是从实证结果来看，信息技术业企业运用智力资本创造价值的效果并不是很理想。其中的人力资本带来的企业绩效提升是显而易见的，其对企业绩效的促进作用随着企业绩效的提高越来越大。这种现象和我国信息技术业企业目前实施的人才战略相符合，以人为本，充分发挥人才对企业绩效的能动作用，合理且有规划地做好人力资本的投资已颇有成效。当前对人力资本的高度重视和有效的开发、管理会使企业的自主创新能力大大增强。

结构资本对企业绩效存在着不显著的负向影响，说明我国信息技术业企在现阶段的发展中没有利用好结构资本的价值创造潜力，而只有在业绩最差的公司结构资本才发挥积极的影响，这和我们的预期不符。这可能和企业的组织文化建设失效有关：当前我国企业都怀抱做大做强的思想，首先想到的就是规模的做大，在外部会通过并购或多元化经营来扩张，企业内部倾向于建立庞大的组织机构，疏于真正的企业文化建设和管理。另外，对内企业往往设立了很多规章制度，却没有真正地将其渗透到组织内部，这必然会使企业结构臃肿，妨碍企业应变能力，不能适应知识经济发展的要求，导致企业在结构资本方面的投资反而带来企业绩效的下滑。对外企业的许多客户资本没有得到切实地运用，客户关系管理还需要不断完善。

相比较物质资本对企业绩效的贡献，智力资本则逊色不少。这也为企业的管理探明了思路：在知识密集型的信息技术业企业中，应加大力度转变增长方式，注重投资效率，在物质资本作用这块基石上充分调动智力资本对企业绩效贡献的潜力。

关于企业规模，总体来说对企业绩效的促进作用不够明朗，反映了随着企业规模的扩大，忽视了合理配置各种资源，信息技术业中企业规模发展带来的规模化效应并不明显，说明知识密集型的企业其企业绩效的增长更多地来自于资产利用率的提高，而不是规模的扩张。

1.7 结　　论

通过前文的实证分析我们知道，目前我国企业对于智力资本这一战略资源的开发与应用方面还处于起步阶段，有待进一步加深认识和逐渐提升。通过人力资本的增值效应我们看出，已经有很多企业认识到了人力资本的价值创造作用，逐步开始重视企业员工知识和能力的培养，倾向于招聘高素质的员工。但是，除了人力资本以外的智力资本的其他方面的增值潜力尚未显现出来，如企业的组织文化、流程、各种关系资本等。这些都使智力资本在企业中的价值增值潜力无法很好地表现出来。因而，生存于知识经济时代的企业，在当前知识成为关键性资源的竞争环境下，加强智力资本的开发和建立适合于企业自身的智力资本管理制度就显得尤为重要。

第一，应该在企业内部形成对智力资本作为异质性资源的充分的统一的认识。要认识到传统的大量投入物质资本的企业增长模式及相应的管理体制会面临发展瓶颈。在创新成为企业发展精髓的当今社会，应该牢牢把握科学技术是第一生产力，企业应该转变发展模式，深刻认识到智力资本对企业竞争优势的促进作用。虽然我国部分企业已经在实施人才战略，特别重视引进高层次人才，加强对员工素质的培养、花心思在员工技能的培训以及企业组织文化结构的建设，但是结合我们的实证研究结果来看，对智力资本的投资开发力度有待加大。因此，企业要做到有效地应用和管理智力资本，首先就必须从意识上加强对智力资本管理的重视。

第二，要规范合理地运作企业的智力资本。企业应该根据各自所处的发展阶段和将来的发展需要，均衡各个方面资本的投入。人力资本作为智力资本的核心，在智力资本价值实现过程中有着很大的主观能动性，一定程度上主导着智力资本的形成与优化。无论是什么性质的企业在面临现代的竞争环境时都应该重视人力资本对企业发展的促进作用，包括对企业综合绩效的带动和对企业其他资源利用效用的提高。智力资本本质上就是企业所拥有的知识和能力的集合，这些都蕴含于员工个人的大脑之中，其效用的激活、自我增值和价值创造都必须建立在强大的人力资本基础之上。各个阶段的企业都需要做好人力资本的管理。在信息技术企业这类高科技企业之中，结构资本对企业绩效的促进作用还有待培育。结构资本是一种隐性的知识储存，凝结于企业的组织文化之中，它提供了稳固的支持性条件保证智力资本的良好运转。所以我国信息技术业要加强结构资本的开发和管理，特别是要狠抓结构资本投资的效率，建立和人力资本相协调的结构资本。

第三，从各个资本对企业绩效的影响趋势来看，一方面，目前我国企业还需加大结构资本的建设力度，达到各项资本的平稳协调发展。虽然人力资本是企业价值创造的核心推动力，但是从长远来看这种推动作用的可持续发展还必须依赖于基础性资源的保障，同时依托于结构资本的辅助，脱离这两方面的人力资本的知识能动性的发挥会受到极大的限制。在良好运行的结构资本这一平台上，企业能实现多种内部资源的融合，其中既有人力资源和物质资源的结合，也有不同载体上的人力资源相互之间的契合，使企业内部的员工统一在共同的组织目标下团体协作。另一方面，财务资本仍然保持着其重要的地位。这意味着尽管传统的针对物质资本的公司治理结构及管理体制已经过时，但是并不意味企业彻底地不再依赖物质资本，而是要在适当发展物质资本的同时将企业发展的重心转移到对智力资本的充分利用上，实现两者的完美结合，才能更好地为企业创造效益。

综上所述，要管理好企业的智力资本，关键在于认识到各项资本的作用机制，在了解其相互关系及其对企业绩效影响的基础上，对智力资本进行系统分析、系统整合，从而实现智力资本的优化配置，提高企业的经营业绩。

第 2 章　研发投入、专利与企业价值

已有的研究大多肯定了研发投入对智力资本的价值创造有显著正向作用，对其两大构成内容即人力资本和结构资本同样有促进作用。第 1 章我们证明了智力资本可以显著提高企业绩效，本章我们力求探讨研发投入是如何影响企业绩效或者企业价值的以及是如何发挥作用的。

2.1　研发投入与企业价值关系的文献综述

自主创新是经济增长、产业发展和企业竞争力提高的最主要源泉。企业的可持续发展，离不开技术创新活动的投入。作为企业持续发展的动力，企业越来越重视研究与开发（即 Research & Development，以下简写为：R&D）活动，并且对 R&D 的投入也越来越多。而且，R&D 投入与企业价值的关系也成为学者们关注的焦点。

2.1.1　国外学者的研究

国外学者很早就开始关注 R&D 投入的价值相关性问题，绝大多数研究结论都支持 R&D 投入能够增加企业价值。对于 R&D 投入的价值相关性问题，国外学者已经有了一定程度的探讨，并取得了一些研究成果。

（1）R&D 投入的价值相关性

Zvi Griliches（1981）的研究结果发现，公司的市场价值与公司的无形资产有显著的正向相关关系。作者搜集了 137 家上市公司的 R&D 投入和专利的数据，

用时间序列①的方法与企业价值做回归，实证分析结果表示，R&D 投入和专利能显著增加公司的市场价值，为企业价值做贡献。

Bronwyn H.，Adam J. 和 Manual T.（2001）利用专利引用有用性这一测量方法来测度企业专利的重要性，以此来测量企业知识存量的无形资产，即 R&D 投入形成的专利，对企业价值的作用。他们用 Tobin – Q 值测量企业价值，研究发现专利引用、R&D 投入强度均对企业价值有显著的正向效应。并且发现内部专利引用比外部专利引用能更显著地增加企业价值。

Derek Bosworth 和 Mark Rogers（2001）搜集了大量 1994—1996 年澳大利亚的企业研究开发的数据，用 Tobin – Q 值的方法研究了企业的 R&D 投入和专利与企业价值之间的关系。实证结果表明，R&D 投入和专利对企业价值有显著的正向作用。研究结果还表明澳大利亚 R&D 投入的回报率比世界上其他发达国家的水平要低，企业要重视研究开发活动。

Garner，Nam and Ottoot（2002）在研究企业研发投入与绩效之间的关系时，从研发投入与企业创新速度关系的角度入手，根据创新速度与企业价值的关系分析了研发投入与企业绩效的关系。回归结果发现，研发投入影响企业的创新速度，创新速度是企业价值的重要影响因素。

Rebecca Toppe Shortridge（2004）的研究则围绕公司的经营业绩展开。他分别将所有公司按照成功与否和规模大小分为两类。发现成功经营的公司，其 R&D 投入更能够被市场承认，而未能成功经营的公司则相反；大公司成功的 R&D 投入能够被市场认可、与股价呈显著正相关，而小公司没有这种效应。

Lev，Nissism 和 Thomas（2005）选取 1983—2000 年研发支出较密集的七个行业，对研发支出资本化对财务信息相关性的改善程度进行了实证研究。将研发支出资本化在假设的生命期内进行直线摊销。结果表明：研发支出的资本化改善了股价和预期收益、净资产及当期收益之间的相关性。研发支出资本化能够促进企业市场价值与财务信息的相关性。

Chen Lung Chin，Shou Min Tsao 和 Hsin Yi Chi（2006）研究了在中国内地和中国香港两种不同会计准则环境下，专利和 R&D 投入对企业价值的影响，并且分别做了实证分析，结果发现两种会计制度下，专利和 R&D 投入均对企业的托宾 Q 值有正向的效应，但在香港会计准则下，专利和 R&D 投入对企业的托宾 Q

---

① 时间序列是指将某种现象某一个统计指标在不同时间上的各个数值，按时间先后顺序排列而形成的序列。时间序列法是一种定量预测方法，亦称简单外延方法。在统计学中作为一种常用的预测手段被广泛应用。

值有更显著的正向效应。

Berkerly，Grid Thoma 和 Savatore Torrisi（2007）采用实证方法研究了欧洲上市公司专利对企业价值的贡献。研究结果显示：专利以及 R&D 投入强度对企业的托宾 Q 值有显著的正向的影响。

Syed Zulfiqar Ali Shah，Andrew W. Stark 和 Saeed Akbar（2008）采用实证研究的方法检验了英国企业的研发支出与企业市场价值的关系，实证结果发现 R&D 投入与企业价值存在显著的正向相关关系。进一步研究表明，研发费用的价值相关性无论是在制造业还是非制造业都十分显著。

（2）R&D 投入对企业价值的影响存在滞后性

Lev 和 Sougiannis（1996）针对美国财务会计准则委员会（简称：FASB）中将 R&D 投入费用化的规定，选取大量高研发密度的上市公司 R&D 投入数据作为样本，运用简单的统计方法，将 R&D 投入进行一定比例资本化，研究资本化的 R&D 投入与股价的相关性，研究结果发现两者显著相关。并且每年 R&D 投入与下一年经营收入的关系，说明研发费用和特定后续期收益之间具有显著的相关性，而且在不同行业 R&D 投入对企业营业收入的贡献有显著差异。

Chambers 和 Jennings（2002）以 1979—1998 年美国企业的大量研发数据为样本，将样本企业分为研发企业和非研发企业，实证研究的结果发现，研发投资水平与随后至少十年的超额回报显著正相关，即使控制研发投资变动，也得到同样的结论。

Hu A. G. 和 Jefferson（2003）采用实证研究的方法，研究了 R&D 投入与企业经营业绩的关系，发现研发投入与企业规模间比例关系不明显，不过，研发投入对企业业绩的贡献是显著的，但是在不同的行业这种显著程度是不同的，并且影响程度随着时间的推延而越来越小。

（3）R&D 投入对企业价值的影响存在不确定性

Michael K. Fung（2006）选取了美国股市中 R&D 密集和技术依赖性较大的化学、电子、计算机 3 个行业为研究对象。分析了 R&D、知识外溢[①]与股价波动之间的关系。发现即使在股利和消费保持不变的情况下，由于研发活动带来对未来产出的不确定，这种信息不对称增加了股价的波动。然而，公司的知识外溢又减少了信息不对称的程度，缓和了股价的波动。

---

① 所谓知识外溢是指包括信息、技术、管理经验在内的各种知识通过交易或非交易的方式流出原先拥有知识的主体。知识外溢源于知识本身的稀缺性、流动性和扩散性。

Chan，Josef Lakonishok 和 Sougiannis（2001）检验了研发费用与公司股票市场价值的关系，发现在那些研究开发费用与权益市场价值比值高的样本公司中，其股票定价存在着明显的偏差。说明研发密度高的公司，其股票的历史收益要超过研发密度低的公司，高研发投入的公司在权益市场上得到超常收益，也就是说企业的研发强度与营业收入有正向相关关系。在控制了其他因素的影响后，研究开发强度与股票回报的波动性显著正相关，说明 R&D 投入存在不确定性。

2.1.2 国内学者的研究

随着我国近年来经济的快速发展，我国学者对于这个领域的研究也越来越关注。

（1）R&D 投入对企业经营绩效的影响

薛云奎和王志台（2001）以沪市上市公司为研究样本，以 1995—1999 年为研究区间，检验了上市公司无形资产与企业经营绩效的相关关系，同时也考察了我国上市公司 R&D 信息披露现状及其对会计信息有用性的影响。作者认为技术含量高的无形资产对企业的经营绩效有更加显著的持续性正向作用，而技术含量低的无形资产则对企业的经营绩效发挥的作用有限。作者建议财务报表中应当披露 R&D 投资的详细信息。

梁莱歆和张焕凤（2005）以我国 2001 年高科技上市公司为研究对象，对 R&D 投入所产生的绩效进行实证研究，考察 R&D 投入与企业经营绩效之间的相关关系。作者在指标的选取方面采用了多角度的方法。R&D 投入从资金投入强度和人员投入两个方面来衡量，企业价值指标则从盈利能力、发展能力以及技术创新能力等方面进行衡量。对 R&D 投入与绩效之间的相关关系进行了线性回归，实证结果表明，我国高科技企业的 R&D 投入与其滞后一到两年的盈利能力和发展能力的贡献比较显著，但是对形成企业核心竞争力的技术资产的相关关系则不显著。

侯晓红和张艳华（2006）用实证的研究方法检验了企业的 R&D 投资对企业业绩的影响。作者从企业的生产率、企业价值和企业财务业绩这三个方面探究了 R&D 投资对企业业绩的影响。实证结果表明，R&D 投资在不同时间、不同区域与企业生产率均有显著的正向相关关系，并且 R&D 投资也能够增加企业价值，提高产出。作者的研究结果整体上说明企业的 R&D 投资对企业业绩是有正向作用的,企业应当重视并且加大 R&D 投资,将其提高到战略的高度。

程宏伟、张永海、常勇(2006)选取了 2002 年之前上市的公司,以其中 96 家研发支出披露规范并完整的上市公司为样本,对公司 R&D 投入与业绩相关性进行了实证研究。描述性统计显示,我国上市公司整体研发水平低,研发信息披露不充分。作者将 2002 年、2003 年以及 2004 年三年的主营业务利润率、资产主营业务利润率、资产利润率与 2002 年的 R&D 投入做线性回归,实证分析的结果表明 R&D 投入与公司业绩正相关,并且 R&D 投入对公司业绩的影响逐年减弱。

王烨和游春(2009)以 2004—2006 年深圳中小企业板上市公司的面板数据为样本,对中小企业板上市公司的 R&D 投资与企业绩效的相关关系进行了实证研究。作者选用净资产收益率(ROE)、每股收益(EPS)以及主营业务增长率(IR)三个财务指标来衡量企业绩效。回归结果显示,R&D 人员投入指标与 EPS 指标呈现显著的正向相关关系,R&D 资金投入指标与 ROE 和 EPS 等绩效指标均不相关。没有检验到 R&D 投入对于绩效产生滞后作用。作者还进一步将样本分为科技企业和非科技企业,分别代入模型进行回归,结果显示,科技型企业的研发投资对绩效有明显的正向关系;而对非科技型企业则无明显关系,证明研发投入只对科技型企业产生明显作用。

谢小芳、李懿东、唐清泉(2009)通过理论构建了多元线性回归模型,分别研究了产品市场和股票市场是否认同企业的研发投入价值。研究表明:在产品市场上消费者认同企业的研发投入价值,上市公司进行研发投入的销售毛利率与研发投入强度显著正相关;在股票市场上,投资者对公司披露的研发投入价值并没有得到显著性认同的证据,这在一定程度上反映了我国股票市场对支持企业成为自主创新主体的动力不足。

游春(2010)以 2005—2007 年深圳中小企业板上市公司的面板数据为样本,对中小企业板上市公司的 R&D 投入与企业绩效的相关关系进行了实证研究。作者选用样本公司年度净资产收益率(ROE)、每股收益(EPS)和主营业务增长率(IR)这三个财务指标数据来衡量公司绩效。实证结果表明,R&D 人员投入指标与 EPS 指标呈现显著的正向相关关系,R&D 资金投入指标与 ROE 以及 EPS 等绩效指标都不相关。并且,没有检验到 R&D 投入对于绩效产生滞后效应①。说明我国中小企业 R&D 活动以人力密集型投入为主要特点，而且对企业后续绩效没有显著的提高。

徐欣和唐清泉（2010）搜集了 2002—2006 年上市公司的研发支出和专利数据，在对专利数量和类型刻画的基础上，研究了 R&D 投入与 Tobin – Q 之间的关系。作者以专利来衡量 R&D 活动的成果，认为专利作为中间变量能更好地解释 R&D 活动对企业价值的影响。在研究过程中，作者从专利的数量和质量两个方面来研究，认为专利的数量越多企业价值越大，而发明专利比实用新型、外观设计更能增加企业价值。

陈海声和王华宾（2011）以 2007—2008 年沪深两市的高科技上市公司企业为样本，考察了高科技上市公司高管任期、经营绩效与企业 R&D 支出之间的关系。作者以总资产经营利润率作为绩效指标，行进了回归分析，通过研究得出了以下结论：高管任期越短，R&D 资金投入越多，公司的经营绩效越好。说明企业的 R&D 投资能够提高公司的经营绩效、增加企业的价值。

周艳和曾静（2011）以中国沪深两市 2002—2009 年的上市公司财务报表披露 R&D 投资信息为样本，对企业 R&D 投入与企业经营利润间关系进行实证研究。作者采用主营业务利润率作为企业价值的衡量指标，研究了 R&D 资金投入和 R&D 人员投入对经营利润的关系，回归的结果显示 R&D 资金投入和人员投入都与企业的主营业务利润率有正向相关关系。R&D 资金投入和 R&D 人员投入分别与企业滞后一年的经营利润和滞后两年的经营利润呈显著的正向相关关系。说明 R&D 资金投入和 R&D 人员投入能够提高企业的经营利润，但是存在滞后效应。

解维敏和唐清泉（2011）以我国 A 股 2002—2006 年非金融企业的年报数据为样本，从外部制度环境和内部机制两方面考虑 R&D 投入对企业绩效的影响，实证研究发现企业 R&D 投入对企业绩效具有显著的正向作用，说明企业的 R&D 投资能够提高公司的经营绩效、增加企业的价值。作者还进一步发现，企业 R&D 投入对企业绩效的正向作用，依赖于企业的外部环境和内部管理机制。强化知识产权保护、完善公司内部治理来有效管理企业的 R&D 投入，对改进企业 R&D 投资效率起着关键作用。

（2）R&D 投入对企业市场估值的影响

王核成（2001）从理论上探究了 R&D 活动在企业内部系统中从投入到产出

---

① 本书的滞后效应是指上市公司绩效的提高滞后于 R&D 投入。

的过程，阐述了 R&D 活动从投资到研究、开发、测试和最后产出的系统过程。作者认为 R&D 是企业发展的源泉和内动力，是企业取得长期竞争优势的基本保证。作者在分析 R&D 投入与产出机制的基础上，深入探讨了影响 R&D 投资对企业成长贡献的因素，认为企业应该将 R&D 投资定位在战略的高度上来考量，企业应该重视 R&D 活动。

陆桔利（2006）运用 3 年上市公司的面板数据，对 R&D 投资与企业增长价值进行了实证研究。作者认为增长期权能衡量企业价值的增长，用实证的方法研究了 R&D 投资对增长期权的贡献。通过回归分析结果得出：上市公司研发支出与公司的增长期权价值具有显著的正向相关关系，说明研发支出能够使得企业的期权价值增长，表明上市公司在研发费用上的支出能够为其带来未来价值增长的机会，研发支出的价值能够被投资者所认可，并给予积极的评价。

崔松虎和金福子（2008）以 2001—2006 年我国电子信息百强企业为样本，用实证分析的方法研究了企业 R&D 投资对企业经济效益的影响，回归的结果表明，R&D 投资能够增加企业价值，并具有显著影响，作者认为 R&D 投资对于企业可持续发展、提高经济效益、实现做大做强是有重大意义的。

罗婷、朱青、李丹（2009）克服了以往研究在数据上存在的局限性，以 2002—2006 年在年报中披露 R&D 相关支出的 117 家公司为样本，采用实证研究的方法研究了 R&D 支出与公司价值之间的关系。作者从经营利润和股价变动两个层面衡量企业价值，实证结果显示：R&D 投入整体上与公司未来年度利润存在正相关的关系。其中，R&D 投入与经营利润间的关系主要是由高科技公司决定的。R&D 投入的市场估值即股价变动的研究显示，投资者并没有在投入当年充分确认 R&D 对未来盈利能力的促进作用，从而造成对公司价值的低估，而投资者在未来年度对这种低估做出了调整。

陈海声和卢丹（2011）以 2003—2007 年度上市公司披露的 R&D 投入信息为样本，检验了 R&D 投入与企业价值之间的关系。作者将样本区分为国有控股的上市公司和非国有控股的上市公司两组，分别进行回归分析。实证的结果表明，非国有控股上市公司的研发投资对滞后一年的经营业绩有显著的促进作用，而国有控股上市公司的 R&D 投入则对下一年的经营业绩没有显著的相关关系。作者的实证检验还进一步表示，国有控股和非国有控股上市公司的 R&D 投资与上市公司未来发展能力均没有显著的相关关系。在国有控股上市公司中，R&D 投入与企业价值之间不存在显著相关关系；但是在非国有控股上市公司中，

R&D 投入对企业价值的提升有显著正向影响。

2.1.3　简要评述

回顾文献我们发现：国内外学者们在研究企业研发投入与企业价值关系的时候，多数是直接检验 R&D 投入与企业价值的关系，且绝大多数研究结论都支持 R&D 投入能够增加企业价值。也有部分国内外学者结合企业内部的情况，比如专利数量、股权结构、高管任期等，来检验 R&D 投入与企业价值的关系。还有国内外学者从会计准则对研发支出的规定以及知识产权的法律保护条款等外部制度因素来检验 R&D 投入与企业价值的关系。另外，国内有学者还从宏观层面讨论国家的 R&D 政策或者从理论角度论证 R&D 对企业绩效的积极作用。

R&D 活动从投入到产出存在高度的不确定性，目前也缺乏有效衡量 R&D 活动产出的指标，并且 R&D 投入存在滞后性，只有经过了长期的研发活动的积累才能形成创新成果，这些创新成果中最具代表性的、最能体现企业智力成果的是专利，它可以有效衡量 R&D 的投入成果。因此，本章希望通过引入专利这一变量来研究 R&D 投入与企业价值的关系，以期对该领域的研究成果给予一定的补充。

2.2　研究开发的含义与企业价值的衡量

2.2.1　R&D 活动的性质

新经济增长理论将创新、研发与内生经济增长联系起来，认为价值增长最持久的源泉在于知识生产和人力资本积累，技术进步和创新是一个国家经济发展的源泉。在这个理论的基础之上，经济学家熊彼特提出了"创新理论"[①]。认

---

① 经济学家熊彼特在《经济发展理论》一书中首次提出"创新理论"，他以"创新理论"解释资本主义的本质特征，解释资本主义发生、发展和趋于灭亡的结局，从而闻名于资产阶级经济学界，影响颇大。根据熊彼特的创新理论，改变社会面貌的经济创新是长期的、痛苦的"创造性破坏过程"，它将摧毁旧的产业，让新的产业有崛起的空间。

为内生的研发和创新是推动技术进步和经济增长的决定性因素,是创新活动推动经济的发展,新技术和新方法的运用在经济发展中起到了重要作用,最重要的是能够创造出新的价值。创新理论也认为创新能够给企业带来经济租金,使企业获得更多的市场和盈利机会。研发和创新不仅是一国经济增长的重要因素,同时也是企业保持持续市场竞争力的有效手段。

R&D 活动是企业的创新行为,企业的研究与开发可以获得新技术和新产品。新技术能够使企业的生产流程简化或者生产效率提高,从而反映到财务信息上则表现为销售收入的增加、生产成本的节约或者是两种情况兼而有之,最终增加企业的价值。新产品的开发则能为企业带来新的市场和新的客户群体,为企业创造更多的机会,赢得市场份额和超额利润,这也能增加企业价值。创新的目的是获取超额利润或是赢得新的市场份额,为企业带来丰厚的利润,这便是企业家进行 R&D 投入的原动力。

2.2.2 R&D 投入的特点

(1) 价值相关性

企业的 R&D 活动是企业的创新行为,新技术可以提高企业的生产效率,节约企业的劳动成本,新产品对于企业来说,可以创造更多的市场和盈利机会。成本的节约或是销售的增加,都能使企业的利润增加,使企业价值增值。国内外许多学者的实证研究表明,企业的 R&D 投入能增加企业价值。Derek Bosworth 和 Mark Rogers 用 Tobin-Q 值的方法研究了企业的 R&D 投入和专利与企业价值之间的关系,实证研究结果表明,R&D 投入和专利对企业价值有显著的正向作用。罗婷、朱青、李丹以 2002 年至 2006 年在年报中披露 R&D 相关支出的 117 家公司为样本,用实证研究的方法得出 R&D 投入整体上与公司未来年度利润存在正相关关系的结论。企业进行自主创新活动的目的就是为了增加企业价值,具体来说是获得垄断的市场地位和超额利润,这是企业家进行 R&D 投资的原动力。所以企业应当将 R&D 投资提高到战略的高度,应给予高度重视。

(2) 不确定性

企业进行研究开发活动通常在前期需要投入一大笔的研发费用,但是 R&D 投资是存在风险的,并不是所有在前期投入的资金,在后期都能够收回。有的时候,企业的 R&D 投资并不能形成成果,这时 R&D 投资则变成沉没成本。Michael K. Fung 分析了 R&D、知识外溢与股价波动之间的关系。发现即使在股利和消费保持不变的情况下，由于研发活动带来对未来产出的不确定，这种信息不对称增加了股价的波动。R&D 投资的不确定性使 R&D 投资与企业价值的相关关系产生波动，这种波动就是研发投资的风险。但是由于 R&D 投入可能为企业带来新技术和新产品，从而使企业获得垄断的市场地位和超额利润，那么企业家就甘愿冒着这种风险进行投资。企业的研发活动不仅仅是为了发展，有的时候也是为了生存。特别是在当今全球科技发展日新月异，市场竞争日益激烈，企业如果不能形成自身的核心竞争力，就难以生存，这一点在高科技行业更是如此。所以即便 R&D 投资存在不确定性，但仍然是企业必须重视的。

（3）产出滞后性

R&D 投资往往是一个长期而持续的投资项目，前期投入的资金通常要超过一个会计年度才能回收。R&D 活动的性质决定了 R&D 投资的产出存在滞后性。研究开发的过程通常是要经过长期的知识和技术积累后才能形成成果，比如发明专利或者其他有技术含量的无形资产。这些发明专利或是其他无形资产要经过检测、试生产再投入到市场，接受市场的检验，得到消费者的欢迎和肯定后，才能最终为企业带来价值的增长。R&D 投资实现价值增长的机制在理论上来说是存在产出滞后性的。而在这个方面，国内外大量的实证研究也证明了这一点。Lev 和 Sougiannis 认为对 R&D 予以资本化可以提高企业账面值与企业内在价值的一致性，并且研发费用和特定后续期收益之间具有显著的相关性。梁莱歆和张焕凤在考察 R&D 投入与企业经营绩效之间的相关关系时，同样发现我国高科技企业的 R&D 投入与其滞后一到两年的盈利能力和发展能力的贡献比较显著，但是对形成企业核心竞争力的技术资产的相关关系则不显著。周艳和曾静以中国沪深两市 2002—2009 年的上市公司为样本，对企业 R&D 投入与企业经营利润间关系进行实证研究，回归结果也发现 R&D 资金投入和 R&D 人员投入分别与企业滞后一年的经营利润和滞后两年的经营利润呈显著的正向相关关系。说明 R&D 资金投入和 R&D 人员投入能够提高企业的经营利润，但是存在滞后效应。

2.2.3 R&D 投入与专利的形成

R&D 投入方式主要包括人力资源的投入，设备与设施、场地等方面的投入，信息投入（如市场调研、科技情报查询等），研究与开发的流动资金的投入。这些投入主要是开展 R&D 活动本身所必需的投入，都可以折算成资金形式来汇总。王核成认为：R&D 投入要经过研究、开发、测试一系列的中间步骤，在这个过程中有知识和技术的长期积累，支持研究开发的流动资金持续不断的投入，最后经过各项测试和检验才能形成成果，通常这部分 R&D 投入以各类无形资产的形式存在。R&D 投入与产出流程如图 2-1 所示。但是，并不是所有的无形资产都是 R&D 投入的有效成果，R&D 投入存在不确定性风险，所以有一部分投入因为没有形成成果成为沉没成本。而即便是形成了无形资产的，对企业价值的贡献也是不同的，有的对企业价值的贡献甚至是非线性的、波动的。薛云奎和王志台认为技术含量高的无形资产对企业的经营绩效有更加显著的持续性正向作用，而技术含量低的无形资产则对企业的经营绩效发挥的作用有限。鉴于此，我们认为在各类无形资产中，专利作为技术含量较高的无形资产是衡量 R&D 活动的产出成果的恰当指标。

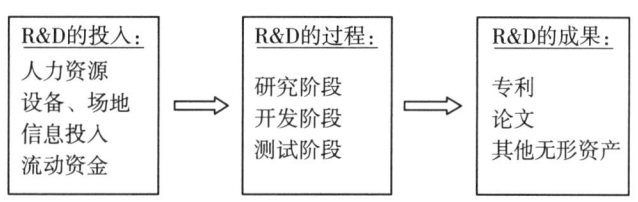

图 2-1　R&D 投入与产出流程

此外，专利变量的引入还可以消除 R&D 投入对企业价值滞后性的影响。基于 R&D 投入的滞后性问题，以往学者常用的方法是将当期的 R&D 投入与滞后 2 到 3 年的企业经营绩效进行线性回归。比如梁莱歆和张焕凤（2005）以我国 2001 年高科技上市公司为研究对象，对 2001 年的 R&D 投入与 2001—2003 年的经营绩效进行了线性回归，实证结果表明，我国高科技企业的 R&D 投入与其滞后一到两年的盈利能力和发展能力的贡献比较显著。另外的一种消除 R&D 投入对企业价值滞后性影响的做法，则是将前期累计的 R&D 投入与当期的企业价值进行实证检验。罗婷、朱青、李丹（2009）在检验 R&D 投入同盈余相关性时所采用的方法就是分析前三年以及当年 R&D 投入与当年经营利润的关系。我们在这种方法的基础上，用专利数量替代前期累计的 R&D 投入，因为专利是 R&D 投入在现阶段的成果，作为过去累积 R&D 投入中的一部分，它不仅剔除了沉没成本那部分无效的部分，并且还保留了与企业价值相关的部分，所以它是过去累积的 R&D 投入中有效的部分。同时，由于 R&D 投入从研究、开发阶段到测试阶段，最后形成成果才开始为企业带来效益，有效增加企业价值。我们认为专利的形成标志着过去的 R&D 活动投入的那部分资金由研究、开发以及测试阶段进展到了应用阶段。所以，作为过去累积的 R&D 投入中的一部分，专利消除了滞后性的影响。综上所述，专利是衡量 R&D 活动的产出最具代表性的指标。因为在同时面临 R&D 投入不确定性和产出滞后性问题的时候，专利变量很好给出了解决方案。

2.2.4 专利的内涵与外延

（1）专利的内涵

专利是受法律规范保护的发明创造，它是指一项发明创造向国家审批机关提出专利申请，经依法审查合格后向专利申请人授予的、在规定的时间内对该项发明创造享有的专有权。专利是专利权的简称，指专利权人对发明创造享有的专利权，即国家依法在一定时期内授予发明创造者或者其权利的继受者独占使用其发明创造的权利，这里强调的是权利。专利权是一种专有权，这种权利具有独占的排他性。非专利权人要想使用他人的专利技术，必须依法征得专利权人的授权或许可。

（2）专利的外延

专利包括发明专利、实用新型专利以及外观设计专利，其中发明专利是最主要的一种。这三种不同类型的专利其研发的难易程度不同，科技含量不同，在增加企业价值时发挥的作用也不尽相同。

①发明专利。发明专利是指利用自然规律对某一特定问题提出的技术解决方案。发明专利的审查周期一般比较长，审查过程包括初步审查、早期公开、实质审查，获得权利后，专利权较为稳定，保护时间为 20 年。发明不同于发现，发明是制造的产品或提出的生产方法是前所未有的，或是对原有的产品、生产方法的改进；发现则是揭示自然界已经存在但尚未被人们所认识的事物。发现不能取得专利，只有发明才能取得专利。发明专利的开发与研究是三种专利中难度最大的，其科技含量也最高，往往需要长期智力资本的积累。

②实用新型专利。实用新型专利是指对产品的形状、构造或其结合提出的适于实用的新方案。使用新型专利的审查周期通常比较短，仅仅只需要形式审

查，审查合格后即进入授权阶段，不需要公开。但由于不经过实质审查，专利性的条件可能不满足，因此导致授权后权利并不稳定，保护时间为 10 年。新型专利相对于发明专利来讲对创造性的要求较低。它主要是针对产品上的，而不是技术或方法上的。所以，实用新型专利的研发难度也不如发明专利，也不会显著地增加企业的生产效率，但是实用新型通常可以迎合消费者的特定需求，同样也能为企业带来新的客户和市场份额。

③外观设计专利。外观设计专利是指对产品的形状、图案、色彩或其结合创造出的富于美感并适于工业上应用的新设计。外观设计不是保护技术方案，而是保护外形，没有功能或功效的进步。授予外观设计专利的目的，主要是促进商品外观的改进，对外增强出口竞争能力，对内美化人民生活。外观专利强调的是新颖性，一般来说，外观设计专利的研发难度最低，科技含量也最低。外观设计主要是通过其新颖的设计吸引认同其设计品位的消费者，使企业提供的产品和服务在市场上区别于竞争对手。

2.2.5 企业价值的衡量

梳理国内外的文献发现：在研究 R&D 投资与企业价值关系的时候，企业价值衡量的方法主要有两种：一种是用财务业绩指标来衡量，比如营业利润率、资产利润率；另一种则是用市场价值的方法来衡量，比较有代表性的是采用 Tobin – Q 值和股票的市场价格的方法。

（1）财务业绩的方法

R&D 投资增加企业价值最直观的就是使企业利润增加，实现的途径有增加销售收入和节约生产成本，那么用财务业绩指标来衡量企业价值是十分恰当的。谢小芳、李懿东、唐清泉通过理论构建了多元线性回归模型，检验了在产品市场上消费者是否认同企业的研发投入价值，发现上市公司进行研发投入的销售毛利率与研发投入强度显著正相关。除了可以用毛利率作为财务业绩指标，还有营业利润率、资产利润率等多项财务指标。游春采用样本公司年度净资产收益率（ROE）、每股收益（EPS）和主营业务增长率（IR）这三个财务指标数据来衡量公司绩效。由于 R&D 投资主要是带来主营业务的增长，所以在采用财务业绩指标衡量企业价值的时候，最好剔除其他非主营业务的收入或利润以及偶然的利得和损失。

（2）市场价值的方法

衡量企业价值的另外一种常见的方法，便是采用市场价值的方法。现在的实证研究大多是以上市公司作为样本进行实证分析，这是因为上市公司的财务信息披露的要求较高，相关的数据更容易获得，并且上市公司的财务制度比较规范，更具代表性。衡量市场价值比较常见的有 Tobin-Q 值和股票的市场价格。Chen Lung Chin，Shou Min Tsao 和 Hsin Yi Chi（2006）研究了在中国大陆地区和香港地区两种不同会计准则环境下，专利和 R&D 投入对企业价值的影响时，采用了 Tobin-Q 值的方法进行实证分析，结果发现两种会计准则下专利和 R&D 投入均对企业的 Tobin-Q 值有正向的效应，进一步的研究发现在香港的会计准则下，专利和 R&D 投入对企业的 Tobin-Q 值有更显著的正向效应。DerekBosworth 和 Mark Rogers 也采用 Tobin-Q 值的方法研究了 1994 至 1996 年澳大利亚的企业研究开发的数据，发现企业的 R&D 投入和专利与企业价值之间有显著的正向相关关系。而 Han 和 Manry（2004）则是采用股票市场价格的方法，他们在实证检验中发现韩国公司的研发支出与企业股票的市场价格呈显著的正相关性。本章借鉴国内外文献方法，采用股票的市场价格加上净债务市值的方法作为衡量企业价值的指标，因为股票市场流通股的价格更能反映市场上投资者对于企业的估值。通常企业的兼并和收购也是要参照股票市场的流通股价格来做交易的，说明股票的市场价格能够反映企业的市场价值。而企业的整体价值不仅仅包含股权，也包括债权，所以本章采用股票市场流通股的价格加上净债务市值的方法作为衡量企业价值的指标。

2.3　R&D 与企业价值衡量的研究设计

2.3.1　研究假设

经济学家熊彼特的"创新理论"认为，创新活动推动了经济的发展，新技术和新方法的运用在经济发展中起到了重要作用，最重要的是能够创造出新的价值。该理论同时强调，创新能够给企业带来经济租金①，新技术可以提高企业的生产效率，节约企业的劳动成本，新产品对于企业来说，创造了更多的市场和盈利机会。科技是第一生产力，研究与开发新技术和新产品能使企业成本下降或是销售增加，为企业带来新的利润增长点，企业的可持续发展离不开创新活动。

R&D 活动是企业的创新行为，创新可以获取超额利润或是赢得新市场，这些都能为企业带来丰厚的利润，增加企业价值。从研究开发活动的性质上来说，R&D 活动是一项增值活动。不过，R&D 活动也是一项风险投资，R&D 投入也存在不确定性。此外，R&D 投入还存在滞后性的特点，因为 R&D 活动是需要一个长期的、持续的资金投入的过程。尽管如此，R&D 活动却能为企业带来超额利润、垄断的市场地位，企业家愿意承担风险将资金投入 R&D 活动中去。特别是在当今科学技术日新月异、市场竞争越来越强调核心竞争力②的背景下，企业的生存和发展离不开 R&D 活动，这便是企业对于 R&D 投入的原动力。国内外很多学者在这个领域作了深入的研究，认为 R&D 投入能提升企业价值。Lev 和 Sougiannis 发现 R&D 投入可以提高企业账面值与企业内在价值，并且 R&D 投入与特定后续期收益之间具有显著的相关性。Oswald 和 Dennis Ray 研究发现，调整后的企业价值与研发支出资本化呈正相关性，这种相关性对处在稳定发展阶段和高 R&D 强度的公司中表现尤为明显。梁莱歆和张焕凤以我国高科技上市公司为研究对象，对 R&D 投入所产生的绩效进行实证研究，研究结果发现，R&D 投入与其盈利能力和发展能力的相关关系较显著。基于以上分析，本章的第一个假设为：

H1：R&D 投入能提高企业价值。

企业的 R&D 投入是具有风险和不确定性的，企业 R&D 活动的投入并不是都能为企业带来效益，其中一些投入是无效的，与企业价值的关系是非线性的、波动的，这部分投入就成了沉没成本。Michael K. Fung 发现其他相关条件保持不变的情况下，由于研发活动带来对未来产出的不确定，这种信息不对称增加了股价的波动。同时，企业对 R&D 投入在为企业带来的效益时存在滞后性。因为

---

① 经济租金是指从要素的所有收入中减去那部分不会影响要素总供给的要素收入的一部分要素收入，它类似于生产者剩余，等于要素收入和其机会成本之间的差额。
② 核心竞争力是指企业在长期生产经营过程中的知识积累和特殊的技能以及相关的资源（如人力资源、财务资源、品牌资源、企业文化等）组合成的一个综合体系，是企业独具的，与其他企业不同的一种能力。本书主要是指 R&D 投入为企业带来的知识积累。

R&D 活动的性质决定了企业并不一定能在投资当年就能获得销售或是利润的增长，R&D 活动是一项长期的、持续的投资活动，往往是在未来形成能带给企业超额利润的创新成果。所以我们加入专利这一变量，专利作为 R&D 活动的结晶，可以作为衡量 R&D 活动的产出的指标。我们认为在解决 R&D 投入产出滞后性问题的时候，专利比过去 R&D 投入累积数更恰当，该指标的引入除了能够消除过去累积的 R&D 投入滞后性的影响，还能消除其固有的不确定性影响。专利的形成标志着过去的 R&D 活动投入的那部分资金由研究、开发阶段进展到了应用阶段。我们有理由相信，既然专利是过去 R&D 投入的有效累积，那么，专利作为过去累积的 R&D 投入中的一部分，作为 R&D 投入在现阶段的成果，与 R&D 投入一样，也能够增加企业价值，并且企业获得的专利数量越多，越能增加企业价值。由此，我们进一步提出本章的第二个假设：

H2：R&D 投入越多，专利数量越多，企业价值越大。

专利一共分为三种：发明专利、实用新型专利以及外观设计专利，其中发明专利是最主要的一种。这三种不同类型的专利其研发的难易程度不同，科技含量不同，在增加企业价值时实现的机制不同，发挥的作用也不尽相同。因此，我们在研究其与企业价值关系的时候也应该区别这三种类型的专利。

发明专利是指利用自然规律对某一特定问题提出的技术解决方案。发明不同于发现，发明是制造的产品或提出的生产方法是前所未有的，或是对原有的产品、生产方法的改进；发现则是揭示自然界已经存在但尚未被人们所认识的事物。发现不能取得专利，只有发明才能取得专利。发明专利的开发与研究是三种专利中难度最大的，其科技含量也最高，往往需要长期的智力资本的积累。发明专利增加企业价值的机制是提高企业的生产能力和生产效率，以达到增加销售收入或是降低成本的目的，从而使企业获得超额利润和市场垄断地位。我们认为发明专利的创新程度最高，是增加企业价值最重要的方式。

实用新型专利是指对产品的形状、构造或其结合提出的适于实用的新方案。新型专利相对于发明专利来讲对创造性的要求较低。它主要是针对产品上的，而不是技术或方法上的。所以，实用新型专利的研发难度也不如发明专利，也不会显著地增加企业的生产效率。实用新型通常是通过迎合消费者的特定需求，增加市场份额的方式增加企业价值。

外观设计专利是指对产品的形状、图案、色彩或其结合做的富于美感并适于工业上应用的新设计。授予外观设计专利的目的，主要是促进商品外观的改进,对外增强出口竞争能力,对内美化人民生活。外观专利强调的是新颖性,一般来说,外观设计专利的研发难度最低,科技含量也最低。外观设计主要是通过其新颖的设计吸引认同其设计品位的消费者,使企业提供的产品和服务在市场上区别与竞争对手,从而增加企业的价值。

综合以上的分析,我们认为不同类型的专利在增加企业价值的传导机制不一样,那么对企业价值的贡献也不会相同,所以我们提出本章的第三个假设:

H3:不同类型的专利对企业价值的影响程度不同。

2.3.2 样本选取及数据来源

本章主要研究上市公司的 R&D 投入、专利与企业价值的关系,因此本章选取沪深两市主板上市公司披露的研发支出数据。由于 2007 年 1 月 1 日开始实施的会计准则改进了旧准则中关于研究与开发支出的会计处理,原来在发生时全部确认为费用的处理,现在则是允许部分支出在符合特定条件的情况下资本化。这一政策变化使得 R&D 的支出数据在财务报表中披露的信息将更加规范。以往的研究中,由于该项支出的披露属于自愿性披露项目且很不规范,该项数据的收集一直为研究 R&D 投入与企业价值关系带来障碍。近年来的文献有将新旧准则两种制度环境下的数据一起做研究的,很难从数据来源上保证其政策上的一致性。为了使数据从来源上保持其政策的一致性、准确性以及时效性,本章选取从 2007—2010 年上市公司财务报告披露的数据。其中研发支出的数额,我们是采用财务报表附注中研发支出的本期发生额,代表本期对 R&D 活动的投入。财务数据均来自国泰安数据库,剔除金融企业和 ST 企业,再除去研发支出数据缺失的上市公司,最后得到 463 个上市公司的样本数据。

本章在研究 R&D 投资与企业价值关系的时候,引入了专利数量作为中间变量,在解决 R&D 投入产出滞后性问题的时候,采用专利数量替代了前期的 R&D 投资的积累。因为专利比过去 R&D 投入累积数更恰当,专利作为过去累积的 R&D 投入的一部分,该指标的引入除了能够消除过去累积的 R&D 投入滞后性的影响,还能消除其固有的不确定性影响。我们手工收集了上述 463 个上市公司的三种不同类型的专利数据,数据均来自《国家知识产权数据库》,剔除专利缺失样本,最后得到 282 个上市公司的样本。本章进一步将样本分为高科技行业的上市公司和非高科技行业的上市公司,分别得到高科技公司 107 家、非高科技公司

175 家。划分高科技行业的标准是按照国家科技部发布的《高新技术企业认定办法》规定来进行行业性质分组的。

2.3.3 变量定义和模型设计

(1) 被解释变量

V 是市场价值,财务管理学中企业价值是指全部资产的总价值,包括股权市值和净债务市值,本章中市场价值就是指股权市值加上净债务市值,其中非流通股股权市值用流通股股价代替计算。

(2) 解释变量

R&D 是研发投资强度,是研发支出与营业收入之比,衡量上市公司的研发支出水平。其中,研发支出的数据是财务报表附注中研发支出的本期发生额。本章认为 R&D 投入能提高企业价值,预期符号是正的。

Patent 是指当期申报的并且经国家知识产权局批准的专利数量,衡量前期 R&D 投入在本期形成的成果,代表前期 R&D 投入在现阶段的有效积累,是能够增加企业价值的部分。本章认为专利数量越多,企业价值越大,预期符号也是正的。

Patent1 是指当期申报的并且经国家知识产权局批准的发明专利数量,表示前期 R&D 投入在本期形成的发明专利数量。本章认为发明专利能增加企业价值,预期符号是正的。

Patent2 是指当期申报的并且经国家知识产权局批准的实用新型专利数量,表示前期 R&D 投入在本期形成的实用新型专利的数量。本章认为实用新型专利能增加企业价值,预期符号是正的。

Patent3 是指当期申报的并且经国家知识产权局批准的外观设计专利数量,表示前期 R&D 投入在本期形成的外观设计专利的数量。本章认为外观设计专利能增加企业价值,预期符号是正的。

(3) 控制变量

Size 是企业规模,是当期资产总额的自然对数,企业规模对企业价值有影响,应该控制。企业规模越大,企业存在规模效应,预期符号为正。

Leverage 是资产负债率,资产负债率越高的企业,财务风险越大,对 R&D 活动投资的可能性越小,预期符号是负的。以上所有变量具体如表 2-1 所示。

表 2-1　　　　　　　　　　变量定义表

变量	变量名称	变量符号	变量解释
被解释变量	市场价值	Market Value	股权市值加上净债务市值
解释变量	R&D 投入强度	R&D	研发支出与营业收入之比
	发明专利	Patent1	当期认证的发明专利数量
	实用新型专利	Patent2	当期认证的实用新型专利数量
	外观设计专利	Patent3	当期认证的外观设计专利数量
控制变量	企业规模	Size	资产总额的自然对数
	财务杠杆	Leverage	资产负债率

(4) 模型设计

基于以上的变量设定，为研究上市公司 R&D 投入与企业价值的关系，建立线性回归模型检验 H1。

模型一：$V = \beta_0 + \beta_1 R\&D + \beta_2 Size + \beta_3 Leverage + \varepsilon$

专利是企业创新活动的成果，是过去 R&D 投入在现阶段的有效累积。专利的形成标志着过去的 R&D 投入的那部分资金由研究、开发阶段进展到了应用阶段。所以我们在研究 R&D 投入与企业价值关系的时候，加入专利这一变量来衡量过去累积的 R&D 投入在现阶段的产出。专利作为 R&D 活动的结晶，是作为衡量 R&D 活动的产出的恰当指标。我们认为在解决 R&D 投入产出滞后性问题的时候，专利比过去 R&D 投入累积数更恰当，该指标的引入不仅能够消除过去累积的 R&D 投入滞后性的影响，还能消除 R&D 投入的不确定性影响。我们有理由相信，专利作为过去累积的 R&D 投入中的一部分，作为 R&D 投入在现阶段的成果，与 R&D 投入一样，也能够增加企业价值，并且企业获得的专利数量越多，越能增加企业价值。所以我们在 Model1 的基础之上，增加了专利 Patent 这一变量，作为过去累积的 R&D 投入在现阶段的有效成果。基于以上分析，建立回归模型检验 H2。

模型二：$V = \beta_0 + \beta_1 R\&D + \beta_2 Patent + \beta_3 Size + \beta_4 Leverage + \varepsilon$

模型二中的两个解释变量实际上是代表上市公司研发活动水平的两个阶段。第一个阶段即是当期的 R&D 投入水平，我们用 R&D 投入强度来表示。这部分投资我们认为也能形成技术知识的积累，也能为企业带来效益，只是还未形成成果，我们认为它能提高生产效率，可以增加企业价值。另外一个阶段则是过去一段时间的 R&D 投入水平，这部分投资在现阶段形成的成果，即专利，我们用当期认证的专利数量（Patent）来表示，是能为企业带来价值的。专利作为衡量过去一段时间的 R&D 投入在现阶段的成果，是过去 R&D 投入的有效累积。专利的形成使企业拥有优于其他企业的技术和资源，是企业的核心竞争力，这能为企业带来超额利润或者一定时期内的垄断的市场地位，是能够使企业价值增值的。

尽管如此，我们认为不同类型的专利的性质不同，影响企业价值的机制不同，从而对企业价值的贡献程度不同。专利一共分为三种：发明专利（Patent1）、实用新型专利（Patent2）以及外观设计专利（Patent3）。这三种不同类型的专利其研发的难易程度不同，科技含量不同，在增加企业价值时发挥的作用也不尽相同。因此，我们在研究其与企业价值关系的时候也应该区别这三种类型的专利。基于以上分析，我们建立回归模型检验 H3。

模型三：$V = \beta_0 + \beta_1 R\&D + \beta_2 Patent_1 + \beta_3 Patent_2 + \beta_4 Patent_3 + \beta_5 Size + \beta_6 Leverage + \varepsilon$

2.4　R&D 与企业价值衡量的回归结果与分析

2.4.1　描述性统计

国际上以往的经验数据显示，当企业 R&D 投入占公司营业收入的 2% 时，即 R&D 投入强度达到 0.02 时，企业才能维持生存，超过维持平衡状态所需的最低限度时，销售收入才能增长。但是我国科技发展起步较晚，企业的自主技术创新能力普遍薄弱，发达国家凭借强大的技术优势和市场优势，在国际竞争中长期处于垄断地位，我国企业普遍面临着低端锁定困局。中国很多企业一直从事着创新程度很低的代工业务，人力资源成本低，处于整个产业链和利益链的低端。不过，随着近年来国家经济建设的蓬勃发展和对外开放程度的不断提高，政府和企业都对自主创新和技术引进高度重视，我国的研发投入强度较低的状况正逐步改善。

如表 2-2 所示：从 2007 年到 2010 年，我国上市公司的研发强度从 0.99%

增长至1.34%，增长了35.3%。总体呈现稳定增长趋势，特别是2008年，相对于2007年的研发强度增长了33%，虽然2009年略有下降，我们认为可能是受到全球经济衰退的影响。不过，截至2010年总体上仍保持着1.34%的水平。尽管如此，我国的研发强度比国际上发达国家的水平还是有一定的差距，我国的企业应当对研发投资引起高度的重视，加大投资力度，政府部门也应当继续在政策上给予企业自主创新活动予以支持。

表2-2　　　　　　　　R&D投入强度描述统计分析

年度区间	样本量（个）	极小值	极大值	均值	标准差
2007	55	0.0001	0.0722	0.009879	0.0134778
2008	83	0.0000	0.0930	0.013229	0.180625
2009	154	-0.0028	0.0897	0.011621	0.148808
2010	171	0.0000	0.1504	0.013416	0.184149

图2-2是我国2007—2010年三种类型的专利分布图，如图所示：2007年和2008年的专利认证数量还处于比较低的水平。2007年三种类型的专利分别为：发明专利的数量是308个、实用新型专利是502个、外观设计专利是556个。2008年技术含量较高的发明专利数量有所增长，达到430个，另外两种专利数量却略有下降。说明企业开始更注重专利研发的质量，而不仅仅是数量。到了2009年三种类型的专利数量均有大幅度的上涨，发明专利更是增长至7003个，是2008年的16倍，另外两种专利的数量也分别达到1713个、1312个。说

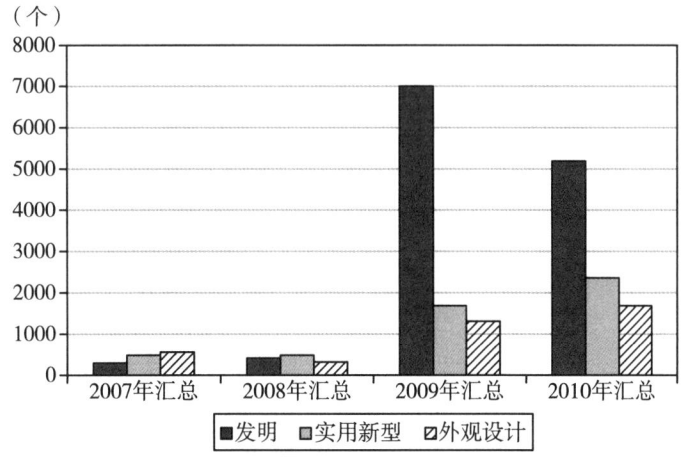

图2-2　2007—2010年专利分布

明企业随着宏观经济的变化和市场竞争的日益激烈,越来越重视自身核心竞争力的提高,自主创新能力不断加强,研发成果也十分显著。到了2010年,三种类型的专利数量整体上也是维持在2010年水平,发明专利的数量略有下降,实用新型和外观设计专利稳步增长。

2.4.2 相关性分析

由表2-3可以看出上市公司市场价值(Market Value)与专利数量(Patent)的相关系数是0.302,且在0.1%的水平上显著,与H2的假设一致。市场价值与研发投入强度(R&D)的相关关系部显著,与企业规模(Size)和资产负债率(Leverage)均在5%的水平上显著,相关系数分别为0.732和0.166。

表2-3 相关性分析

		Market Value	R&D	Patent	Size	Leverage
Market Value	Pearson 相关性	1	-0.004	0.302**	0.732**	0.166**
	显著性(双侧)		0.945	0.000	0.000	0.005
	N	282	282	282	282	282
R&D	Pearson 相关性	-0.004	1	-0.031	-0.032	0.014
	显著性(双侧)	0.945		0.605	0.597	0.819
	N	282	282	282	282	282
Patent	Pearson 相关性	0.302**	-0.031	1	0.287**	0.132*
	显著性(双侧)	0.000	0.605		0.000	0.026
	N	282	282	282	282	282
Size	Pearson 相关性	0.732**	-0.032	0.287**	1	0.363**
	显著性(双侧)	0.000	0.597	0.000		0.000
	N	282	282	282	282	282
Leverage	Pearson 相关性	0.166**	0.014	0.132*	0.363**	1
	显著性(双侧)	0.005	0.819	0.026	0.000	
	N	282	282	282	282	282

注:*** 表示在1%水平上显著相关,** 表示在5%水平上显著相关,* 表示在10%水平上显著相关,下同。

2.4.3 回归结果分析

(1) H1: R&D 投入能提高企业价值

从表 2-4 可以看出,调整后的 R 方为 0.525,说明模型拟合度较好。方程的 F 值是 171.446,对应的 p(sig = 0.000) < 0.01,说明整个回归方程是显著的。D-W 值为 1.98,说明不存在自相关的问题。从回归系数上看,研发投入强度与市场价值呈正向相关关系,与预期的符号一致。但是并不显著,这可能是因为 R&D 投入存在不确定性和滞后性,当年的 R&D 投入并没有在当期得到市场的认可。

表 2-4   R&D 投入与上市公司市场价值回归结果

model	Standardized Coefficients	t	Sig
(Constant)		-21.699	0.000
R&D	0.044	1.370	0.171
Size	0.745***	22.232	0.000
Leverage	-0.64**	-1.905	0.057
可决系数 (R square)	0.528		
调整后的 R 方	0.525		
方程的 F 值	171.446 (Sig = 0.000)		
D-W 值	1.980		

资产规模与企业价值呈显著的正向相关关系,与预期的符号一致,说明存在规模经济效应。资产负债率也如预期一样,与企业价值存在显著的负相关关系。这是由于资产负债率越大,企业的财务风险越大,可用于研发投资的资金也少,导致企业价值下降。

(2) H2: R&D 投入越多,专利数量越多,企业价值越大

①整体情况。从表 2-5 中可以看出,调整后的 R 方为 0.551,说明模型拟合度较好。方程的 F 值是 87.087,对应的 p(sig = 0.000) < 0.01,说明整个回归方程是显著的。D-W 值为 2.107,说明不存在自相关的问题。从回归系数上看,回归结果支持 H2 的假设,专利的数量与市场价值呈正相关关系,并且在

5%的水平是显著的。说明专利作为企业过去对 R&D 活动的投入在现阶段的成果,能够为企业带来价值,形成了有效的生产力。研究结果显示研发强度与企业价值也呈正相关关系,但是并不显著。这也反映了 R&D 投资对企业价值的影响确实存在滞后性和不确定性,当年的 R&D 投入并没有在当期完全得到市场的认可,而是过去对 R&D 投资在当期形成的专利显著地增加了当期的企业价值。

表 2-5　　R&D 投入、专利与上市公司市场价值回归结果

model	Standardized Coefficients	t	Sig
(Constant)		-16.372	0.000
R&D	0.024	0.607	0.544
Patent	0.104 **	2.493	0.013
Size	0.746 ***	16.772	0.000
Leverage	-0.119 ***	-2.770	0.006
可决系数 (R square)	0.557		
调整后的 R^2	0.551		
方程的 F 值	87.087 (Sig = 0.000)		
D-W 值	2.107		

以上的检验是从整体上研究上市公司 R&D 投入、专利与企业价值的关系,但是在不同的行业上市公司的技术创新能力有显著差异。在高科技企业,企业的科学技术研发能力直接影响其生存和发展,对新技术和新产品的开发有更强烈的动机和意愿。但是在非高科技企业,科学技术的研发对企业的生存和发展而言并不像高科技企业那样具有举足轻重的影响,R&D 投入毕竟存在风险,所以非高科技企业可能更愿意通过广告宣传或者扩大企业规模等方法来提高企业价值,在新技术和新产品的研发方面并没有很强烈的意愿。

我们将上述样本中 282 个上市公司按行业分类,根据国家 2008 年发布的《高新技术企业认定管理办法》的规定,我们将样本分为高科技公司和非高科技公司,其中高科技公司样本 107 个,非高科技公司样本 175 个。我们分别将两组数据按照模型二进行回归,具体实证分析见表 2-6。

②高科技企业。从表 2-6 中可以看出,调整后的 R^2 为 0.876,说明模型拟

合度较好。方程的 F 值是 188.816，对应的 p(sig=0.000)<0.01，说明整个回归方程是显著的。D-W 值为 1.412，在正常范围内。从回归系数上看，高科技行业的专利数量对企业价值的影响比整个行业来看要大一些，系数为 0.607，并且在 1% 的水平上显著。说明在高科技行业，专利更能使企业价值增加，高科技行业企业的研发成果对市场价值的贡献更大。R&D 投入与市场价值的关系仍然不显著，说明在高科技行业 R&D 投入也存在滞后性，当年的 R&D 投入并没有立刻得到市场的认可。

表 2-6　高科技企业 R&D 投入、专利与上市公司市场价值回归结果

model	Standardized Coefficients	t	Sig
(Constant)		-11.958	0.000
R&D	0.014	0.396	0.693
Patent	0.607***	15.455	0.000
Size	0.511***	12.614	0.000
Leverage	-0.097**	-2.632	0.010
可决系数（R square）	0.881		
调整后的 R^2	0.876		
方程的 F 值	188.816（Sig=0.000）		
D-W 值	1.412		

③非高科技企业。从表 2-7 中可以看出，调整后的 R^2 为 0.546，说明模型拟合度较好。方程的 F 值是 53.41，对应的 p(sig=0.000)<0.01，说明整个回归方程是显著的。D-W 值为 1.984，说明不存在自相关的问题。从回归系数上看，专利数量与市场价值呈负相关关系，在 10% 的水平显著。说明在非高科技行业作为研发成果的专利并不能使企业价值增长，反而可能会因为研发投入的资金量大和 R&D 活动的不确定性风险，无法收回投资，使企业价值减损。R&D 投入与市场价值的关系也不显著，说明在非高科技行业 R&D 投入同样存在滞后性，当年的 R&D 投入并没有立刻得到市场的认可。

表2–7　非高科技企业R&D投入、专利与上市公司市场价值回归结果

model	Standardized Coefficients	t	Sig
(Constant)		-13.446	0.000
R&D	0.013	0.243	0.808
Patent	-0.102*	-1.821	0.070
Size	0.808***	13.883	0.000
Leverage	-0.117**	-2.155	0.033
可决系数（R square）	0.557		
调整后的 R^2	0.546		
方程的F值	53.41（Sig = 0.000）		
D–W值	1.984		

上述实证研究的结果显示，专利数量对企业价值的影响在不同行业有显著的差异。在高科技行业的上市公司，专利的数量能显著的提高企业价值。但是在非高科技行业的上市公司，回归的结果是专利的数量与企业价值呈负相关关系，说明技术创新的成果在增加企业价值方面具有明显的行业特征。专利在高科技行业能为企业带来效益，所以高科技行业的企业更有动力投入资金进行开发研究，即便这种投资存在不确定性的风险。但是在非高科技企业则没有那么强烈的意愿进行R&D投资，这种投资并不能显著地为企业带来效益，甚至会因为初始投资无法收回损害了企业价值。

(3) H3：不同性质的专利，对企业价值贡献不同

专利一共分为三种：发明、实用新型和外观设计。目前，在我国三类专利中，发明专利的科技含量最高，研发难度最大。实用新型和外观设计专利的科技含量和研发难度相对较小。并非所有的专利都能给企业带来超额利润和垄断地位。例如，外观设计专利在很大程度上起到的是标识和区别的效用。如果我国市场是有效的，那么完全有理由相信市场可以有效区别对待不同类型的专利即我们认为三种专利的性质不同，对企业价值的贡献也不尽相同。

从表2–8中可以看出，调整后的 R^2 为0.553，说明模型拟合度较好。方程的F值是58.942，对应的 p(sig = 0.000) < 0.01，说明整个回归方程是

显著的。D－W值为2.131，说明不存在自相关的问题。从回归系数上看，发明专利对企业价值的贡献最大，系数是0.135，并且在1%的水平显著。实用新型专利和外观设计专利的回归结果都不如专利显著，说明三种专利中发明专利对企业价值的贡献最大。外观设计专利的系数符号为正，说明外观设计专利也能增加企业价值，但是这种正向的相关关系并不显著。而实用新型反而与企业价值呈负相关关系，说明使用新型所带来的价值不足以弥补其投入的成本。

表2－8　　　　三种类型专利与上市公司市场价值回归结果

model	Standardized Coefficients	t	Sig
(Constant)		－15.767	0.000
R&D	0.028	0.682	0.496
Patent1	0.135***	2.960	0.003
Patent2	－0.091	－1.439	0.151
Patent3	0.027	0.465	0.643
Size	0.778***	16.006	0.000
Leverage	－0.117**	－2.723	0.007
可决系数（R square）		0.563	
调整后的 R^2		0.553	
方程的F值		58.942（Sig＝0.000）	
D－W值		2.131	

实证结果说明从整体上来说不同性质的专利对企业价值的影响是不同的。发明专利所包含的科技含量高，能提高企业的生产率，增加企业价值。外观设计在一定程度上可以为企业带来效益，但是并不明显。实用新型由于对企业价值的贡献有限，不足以弥补其成本，反而损害了企业价值。

2.5 研究结论及政策性建议

2.5.1 实证研究得出的结论

(1) 创新活动能增加企业价值

企业的 R&D 投资以及专利的形成都代表了对创新活动的投入,实证结果表明 R&D 投入与专利都能增加企业的价值,特别是专利对企业价值有显著的贡献。R&D 投入强度代表当期的 R&D 投入水平,专利作为衡量过去一段时间的 R&D 投入在现阶段的成果,代表过去 R&D 投入的有效累积。所以企业的 R&D 投资以及专利都代表了企业的研发投入水平,从一定程度上反映了企业的开展自主创新活动的情况。虽然回归结果显示 R&D 投入对企业市场价值是不显著的正向关系,但是这部分投资我们认为也能形成技术知识的积累,也能为企业带来效益,只是还未形成成果,我们认为它能提高生产效率。而专利作为企业自主创新的成果,表明 R&D 投入的资金已经从研究、开发和测试阶段,进入了应用阶段,是企业的核心竞争力。专利的形成能为企业带来超额利润或者一定时期内的垄断的市场地位,是能够使企业价值增值的,这也反映了 R&D 投入确实存在滞后效应。R&D 活动是企业的创新行为,专利是企业创新行为的成果,专利数量与企业市场价值存在显著正相关关系,说明创新活动能够增加企业的价值。企业的生存和发展离不开创新活动,企业应当将 R&D 投入提高到战略层面上制定相应的对策。

(2) 不同性质的专利对企业价值贡献不同

专利一共分为三种:发明、实用新型和外观设计。三种类型的专利是通过不同的传导机制增加企业价值的,对企业价值有不同程度的贡献。实证的结果也表明三种类型的专利性质不同,对企业价值的贡献也不尽相同。质量比较好的发明专利,其科技含量高,能为企业带来更显著的效益。发明专利往往是通过改进生产流程或者退出新产品的方式使成本节约、销售增长,进而实现企业价值增值,对企业价值的贡献也最大。而实用新型和外观设计,其科技含量不如发明专利，对企业的贡献也相对较小。实用新型专利是对产品的形状、构造或其结合提出的适于实用的新方案，通过迎合消费者的特定需求，来实现企业价值增值。回归的结果表明，该专利对企业价值的贡献不如发明专利显著。外观设计专利是指对产品的形状、图案、色彩或将三者结合而创造出富于美感并适于工业上应用的新设计。外观设计主要是通过其新颖的设计吸引认同其设计品位的消费者，使企业提供的产品和服务在市场上区别与竞争对手，从而使得企业价值增值。但是外观设计专利投入的成本通常较大，也容易被竞争对手模仿，所以也不能显著地增加企业价值。从整体上讲，实用新型不仅不会增加企业价值，反而因其带来的收益小于其投入的成本，而使其与企业价值呈负相关关系，这说明创新不足、科技含量低的专利是无法提高企业价值的，不会被市场认可的。

（3）不同行业企业的创新活动对企业价值的影响不同

R&D 活动对企业的可持续发展有重要的意义。但是在不同的行业性质中，创新活动对企业价值的影响有行业特征。实证结果表明，在高科技行业中创新活动对企业价值的贡献有更显著的正向效应。我们也很容易理解在高科技行业中，自主创新的研究开发活动对于企业的生存和发展更具有举足轻重的影响力。如果高科技企业一旦缺乏核心竞争力，没有自主创新的产品，则只能成为市场的追随者，很容易在当今激烈的市场竞争中失去原有的市场份额，最终难逃被市场淘汰的命运。而一旦研发出新的产品或技术受到市场认可的话，则能够迅速赢得市场，获得在一定时期内的超额利润和垄断市场地位。高科技行业的核心竞争力依赖于公司的科研能力，创新活动一旦形成成果也可以为企业带来更显著的价值增值。所以，即便 R&D 活动存在不确定性的风险，高科技行业的企业也愿意加大对于 R&D 的投入，这便是高科技行业企业对于创新活动的原动力。但是在非高科技行业的企业里，情况则有所不同。非高科技行业的企业即便缺乏自主创新的产品也并不直接威胁其生存和发展，实证的结果也证明，非高科技企业的创新活动所带来的收益不如高科技行业显著，反而因为 R&D 活动前期投入的资金量很大及其固有的不确定性风险，使得管理层不愿冒险对研发项目进行投资。在非高科技行业的企业可能更愿意通过扩大生产规模或者增加广告投放量等保守而有效的方式来实现企业价值增值。毕竟 R&D 活动存在风险，初始投入的资金量大，创新活动带来的价值增值也不如高科技行业企业显著。

2.5.2 政策性建议

(1) 政府应继续保持对企业自主创新的政策扶持

随着经济全球化和我国市场体制的推进,我国已进入必须依靠科技进步和自主创新推动社会经济发展的新时期,自主创新能力已成为一个国家的核心竞争力。发达国家凭借强大的技术优势和市场优势,在国际竞争中长期处于垄断地位,而我国由于高新技术企业的发展起步较晚,受到外部关键技术封锁和自身创新能力不足的双重制约,企业普遍面临着低端锁定困局。

作为科学技术的研究开发的主体,企业既承担自主创新的风险,也享受研究开发所带来的利益。政府在市场经济的环境下,可以起到推进企业自主创新的作用。动用国家资源给企业自主创新提供市场机会,是政府创新政策的一个重点。政府近年来也越来越重视企业的自主创新活动,通过税收政策、政府采购行为和引进外资企业先进技术等方法来引导企业自主研发,调动他们的积极性,并为企业提供良好、有序的市场环境。

在国家出台新的企业所得税的大背景下,国家科技部、财政部、税务总局相继联合下发了旨在扶持和鼓励高新技术企业发展的《高新技术企业认定管理办法》和《高新技术企业认定管理工作指引》。制定了扶持高新技术企业发展的系列政策法规,高新技术企业发展的环境日渐优化。全国科学技术大会和党的十七大也明确地提出了我国新时期的发展战略目标,为我国高新技术企业及其产业的发展提出了新的更高的要求。自主创新能力是一个国家长远发展的核心竞争力,政府应继续保持对企业自主创新的政策扶持。

(2) 企业应注重专利的质量

尽管企业的拥有的专利数量越多,企业价值越大,但不同质量的专利对企业价值有不同贡献。科技含量较高的发明专利能显著提高企业价值,但是科技含量较低的实用新型和外观设计专利却不能有效地为企业创造价值。所以企业在进行研发投资的时候,要更加关注科技含量高的发明专利,因为只有高质量的专利才能真正为企业带来效益,增加企业价值。如果企业只关注专利的数量,而忽略了专利的质量,无法达到增加企业价值的目的,甚至无法收回其在起初投入的大量资金。企业应当合理地实用有限的资源,将其投入更能产生效益的项目中去,实现资源优化配置。

实证结果表明，科技含量较高的发明专利能显著提高企业价值，但是科技含量较低的实用新型和外观设计专利却不能有效地为企业创造价值。这为我国企业进行 R&D 活动提供了方向指引，能有效增加企业价值的是有创新含金量的发明专利，企业应在发明创造的项目上投入更多的资源，不能仅仅停留在追求数量的飞跃。整体上来看，实用新型专利数量和企业负相关，这个结果说明实用新型专利并不能有效地提升企业盈利能力，增加企业价值。我们很容易理解，相对于科技含量高的发明专利，实用新型专利的创新程度较低，技术含量相对不高，很容易被市场上其他的竞争对手模仿，甚至被取代。同时，实用新型专利在研发过程中通常也需要耗费企业较多的资源，结果并没有有效地增加企业价值。

（3）加强知识产权的建设

专利的知识产权保护对于致力于自主创新的企业来说是非常重要的，因为它能够使得创新型企业在一定的时期内持续获得超额利润和领先的市场份额。毕竟 R&D 活动存在不确定性的风险，初始投入的资金量大。同时，对于研发专利的企业来说，也有一个艰难的开发过程，特别是对于科技含量高的发明专利，存在长期的智力资本积累。企业甘愿承担巨大投资风险，其目的是为了享有一个暂时性的垄断，从而获得超额利润和领先的市场份额。

对创新成果的独占性加以政策性保护能够有助于企业获取来自创新利润，激发企业自主创新的积极性。建立一项有效的专利知识产权保护制度是创新企业获得成功的重要战略因素。知识产权保护法律制度，通过确立创新成果的所有权，从法律上保护创新者免于被模仿和抄袭。利用法律保护这种方式，拥有知识产权的企业在这期间能够独享创新所创造的收益。如果知识产权法律制度环境不好，企业的创新成果不能得到有效的保护，企业研究开发的创新成果就很容易被抄袭和盗用，那么便会存在搭便车的现象。企业愿意承担风险的目的是为了能在未来获得超额利润和领先的市场份额，如果企业可以不必承担风险就能获得高额的利润，那么将没有企业愿意投资到创新活动中去。这样会打击自主创新企业的积极性，因为毕竟事后再通过法律来维护自身权利的交易成本也很高。因此，加强知识产权的建设，为激励企业自主创新创造良好的大环境。

第3章 武汉凡谷财务战略三维矩阵分析与优化

3.1 所处行业与经营风险

3.1.1 武汉凡谷所处行业分析

根据我国证监会现行《上市公司行业分类指引》，武汉凡谷（股票代码：002194）所处的行业是制造业——计算机、通信和其他电子设备制造业，从事移动通信天馈系统射频器件的研制、生产、销售和服务，为国内、国际主要移动通信系统集成商提供移动通信基站天馈系统射频子系统和射频器件。移动通信系统集成商采购公司产品后与其他子系统及器件组成移动通信基站，若干个移动通信基站构成移动通信网络，服务于移动通信运营商向用户提供移动通信业务服务。目前我国主要有中国移动、中国联通和中国电信三大运营商；移动通信系统集成商主要有华为、爱立信、诺基亚、中兴等移动通信设备制造商。移动通信行业的产业链如图3-1所示。

通信行业是国民经济的主要支柱产业之一，通信设备制造业具有高附加值、高技术含量等特点，历来受到我国产业政策的大力支持。《信息产业科技发展"十一五"规划和2020年中长期规划纲要》《电子信息产业调整和振兴规划》等都明确提出了促进通信设备制造业发展的相关意见。

移动通信是通信行业发展最快的领域，无论是国外还是国内，用户规模都持续快速增长。消费者对通信业务的需求日趋个性化、多样化，随着智能终端的广泛应用，这将促使运营商进行设备更新与扩容，使通信设备制造业发展前景广阔，尤其是5G时代的到来必将为移动通信设备制造行业带来新一轮的市场

第 3 章 武汉凡谷财务战略三维矩阵分析与优化

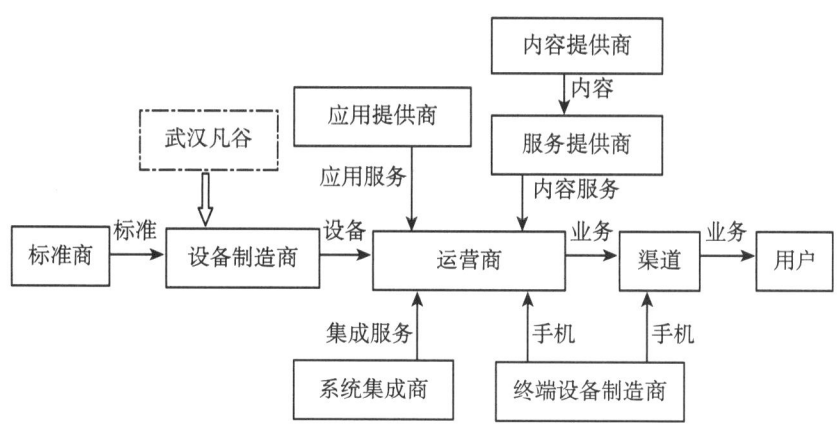

图 3-1 移动通信行业产业链

机遇。因此，从全球范围看，移动通信设备制造业属于朝阳产业，市场容量巨大。

在市场需求和国家政策鼓励的共同作用下，移动通信设备制造行业发展迅猛。自 20 世纪 80 年代至今，移动通信技术已经实现了 1G（模拟技术）、2G（数字技术）、3G（智能技术）到 4G 的快速发展，每一次通信技术变革都对通信设备制造业产生了重要影响。当下 5G 时代的到来必将为移动通信设备制造行业带来新一轮的市场机遇[①]。

在移动通信基站设备制造行业领域，国内厂商经过多年的发展，以华为公司、中兴通讯等为代表的通信设备制造企业，在关键技术上取得了一系列的突破，率先涉足 5G 通信技术研发并取得突破性进展。伴随着 5G 标准的加速落地、政策的不断催化和电信运营商开启实际组网，2018 年通信业将开启新一轮的投资周期，以运营商为龙头将带动整个产业链各环节的发展。

移动通信运营商固定资产投资的增长，会带动移动通信设备制造业高速增长，加上成功开发的海外市场，国内主要的移动通信系统集成商将拉动国内相关器件供应商的生产规模保持快速增长。武汉凡谷公司目前已经跻身为国际一流的移动通信天馈系统射频器件独立供应商，生产的产品是移动通信基站系统以及其他无线通信系统的核心部件之一，必将随着通信设备集成商的快速发展而开始新一轮的增长。

---

① 2018 年中国通信设备市场分析报告 - 行业深度调研与发展趋势预测 - 中国报告网 http：//baogao. chinabaogao. com/tongxinshebei/325601325601. html。

根据广发证券发展研究中心的报告，5G 所需要的频段数量的大幅增长使单个射频器件价值提升。此外，随着高频段信号处理难度增加，射频开关以及滤波器的性能要求及数量快速上升，预测到 2020 年全球滤波器市场规模将达到 130 亿美元，全球射频器件市场规模将超过 180 亿美元。参见图 3-2 所示。

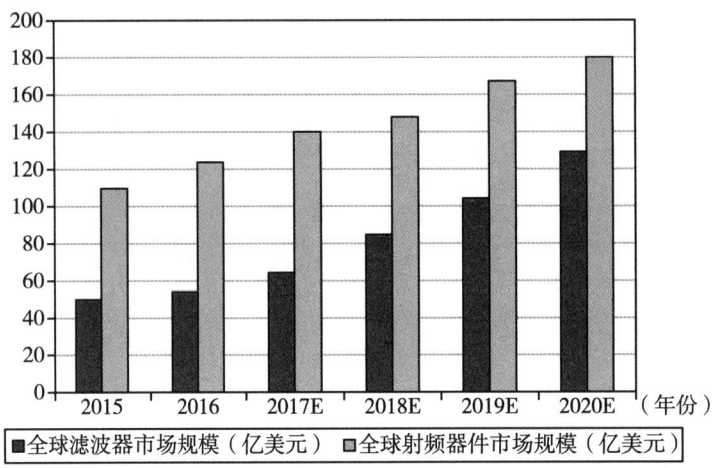

图 3-2　2015 年至 2020 年全球滤波器和射频器件市场规模预测图[①]

3.1.2　武汉凡谷的经营风险分析

（1）研发投入与资本投入高

移动通信市场发展的历史是技术驱动的历史，通常系统集成商根据运营商的要求设计系统产品，因此，移动通信设备系统集成商一直引领着移动通信技术的革新。通信技术的进步推动了包括移动基站设备在内的整个移动通信设备行业发展和产品的更新换代，要想在市场上生存下来，企业需要不断加大技术投入。与此同时，移动通信系统集成商也严格遴选出具有稳定、及时、小批量、多批次供货能力的供应商，要求射频器件供应商具有高度敏感的市场反应和判断力，对市场信息反馈迅速、准确；基站设备投入使用后，对设备维修与维护要求较高，建立与销售网络相配套的售后服务网络，提供及时、完善的售后服务也成为射频器件供应商立足的关键。对于武汉凡谷而言，只有当研发出来的

---

① 预测数据来自中国产业发展研究网-行业动态《中国5G手机射频器件市场规模及市场需求分析预测》报告。http://www.chinaidr.com/tradenews/2017-03/111687.html。

样品获得系统集成商验证通过后，才会获得正式的采购订单。如果无法推出符合客户要求的新产品或改进现有产品，或者失去了推出新产品的时机，公司就可能会面临业务损失或客户流失，因此，新技术、新工艺和新产品的开发和改进是企业赢得市场竞争的关键，移动通信射频器件属于技术密集型产品，需要大量的研发投入。

另外，武汉凡谷子行业属于移动通信配套器件制造业，具有资本密集性特点。为保证研发和生产需要采购大量核心检测与生产设备，这对企业的资金实力提出较高要求。同时，由于下游客户往往处在优势地位，公司在定价能力、付款条件、付款方式等方面均处于优劣，从而在营运资金上压力较大，也对资金实力提出较高的要求。

（2）经营风险与经营杠杆

经营风险，是指企业未使用债务时经营的内在风险[1]，其结果导致息税前收益产生波动。引发企业经营风险的因素很多，有外部市场原因，也有企业内部因素。企业经营风险的影响因素主要有：

产品市场需求的变动。产品市场需求稳定，而且前景很好，经营风险小；反之，经营风险大。

产品价格变动。产品价格变动与经营风险成反比，即价格上升，经营风险小；反之，价格下降，经营风险上升。

产品单位变动成本变动。产品单位成本变动程度与经营风险成正比，即单位变动成本降低，营业利润上升，经营风险小；反之，经营风险大。

固定成本在全部经营成本中的比重。固定成本是在一定期间内总额保持不变的成本，如折旧费、研发费、管理费等。如果固定成本在成本总额中所占比重较高，当销售发生变化时，将引起单位销售所负担固定成本的变化，导致经营利润发生更大幅度的波动，企业将承担更大的经营风险。

经营风险的影响因素主要有四个，一般来说，当技术进步没有发生明显变化时，产品的单位变动成本不会发生大的变化；在充分竞争状态下，产品售价也不会发生大的变化，因此，经营风险的影响因素仅考虑销售量和固定成本等因素。假设企业只生产单一产品，当销售量增加时，单位固定成本降低，单位产品的经营利润提高，息税前利润的增长率会大于销售量的增长率；相反，销

---

[1] 中国注册会计师协会编写. 财务成本管理 CPA [M]. 北京：中国财政经济出版社，2019.

售量的下降会提高单位固定成本，降低单位产品的经营利润，从而息税前利润的下降率会大于销售量的下降率。这种因为固定成本比重的作用导致的销售量一定程度的变动引起息税前利润产生更大波动的现象就是经营杠杆。经营杠杆放大了企业营业收入变化对息税前利润变动的影响程度，这种影响程度一般用经营杠杆系数来衡量，经营杠杆系数是指息税前利润变动率相当于销售额（或者销售量）变动率的倍数。它的表达公式为：

$$DOL = \frac{\Delta EBIT/EBIT}{\Delta Q/Q}$$

式中：DOL——经营杠杆系数；EBIT——变动前息税前利润；ΔEBIT——息税前利润变动额；Q——变动前销售量（销售额）；ΔQ——销售量（销售额）的变动量。

为便于经营杠杆系数的计算，对上述计算公式可进行如下推导转换：

$$\because EBIT = Q(P - V) - F$$

$$\Delta EBIT = \Delta Q(P - V)$$

$$\therefore DOL = \frac{Q \times (P - V)}{Q \times (P - V) - F}$$

$$DOL = \frac{S - VC}{S - VC - F}$$

在上述公式中，存在以下等式关系：

$$S - VC = EBIT + F$$

$$S - VC - F = EBIT$$

因此，经营杠杆系数亦可以按以下公式简化表示为：

$$DOL = \frac{EBIT + F}{EBIT}$$

当单位售价和单位变动成本没有发生变化时，如果经营杠杆系数不等于1，则说明有经营杠杆现象，系数越大，经营杠杆作用越大，经营风险也越大；反之，系数越小，经营杠杆作用越小，经营风险越小。而且，只要固定成本不为0，经营杠杆系数就不等于1，就会显现出经营杠杆现象，固定成本越高，经营杠杆系数越大，经营风险越高。

武汉凡谷的资本密集性特点表明其房屋建筑物和设备等固定资产投入高，从而固定性的折旧费用高；技术密集型产品的供给说明其研发投入高，可能带来无形资产的摊销额也比较高，直线摊销法下这笔费用也是固定的，两个特点说明武汉凡谷具有较高的经营风险。

3.1.3 经营环境要求重视财务战略

武汉凡谷所处的行业客户集中度较高，供应商较少，所以价格竞争异常激烈。目前，客户主要集中为移动通信主设备商，如华为、爱立信、诺基亚等。国内外移动通信主设备商都已经形成巨头垄断，因此，客户地位强且在招标采购过程中占据主导，企业议价能力弱，往往需要保持较多的营运资金。同时，受到行业周期性波动影响大，前期开发困难，研发成本高，研发周期长。在财务上投资大、风险高、融资难，加上我国投融资环境的不断变化，要想能够跟紧国家政策步伐，享受行业发展红利并不是一件容易的事情。因此，行业内企业迫切需要从战略上对企业的投融资计划、营运资金管理计划等进行规划，财务战略管理对企业的重要性不言而喻。

通信设备制造业的代表企业除案例企业外，还有大富科技、春兴精工、山东精密等大型上市企业。近年来，行业内竞争对手纷纷开始沿产业链布局相关业务。其中，大富科技提出"跨界不跨行"的发展模式，通过围绕核心业务完善上下游产业链发展，增强了自身抵御行业周期性风险的能力，并摸索出新的利润增长点。春兴精工实施的则是"差异化发展"战略，主要向相关互补行业进行差异化发展，将相关核心优势进行一体化垂直整合。山东精密也在逐步实施"产业链一体化"，将产业链进行合理延伸和完善，使自身经营业务日趋多元化。竞争对手纷纷布局，以度过行业低谷期，相比之下武汉凡谷的发展战略则显得单薄，主营业务依然围绕射频器件制造，在国内运营商建网速度放缓的背景下，核心优势无法充分释放，要素成本不断增长、盈利空间逐步收窄。

武汉凡谷在"原材料——器件——设备——基站——网络"的产业链中处于上游位置。由于通信系统集成商集中度高的特点，导致武汉凡谷的客户相对较集中，自上市以来，企业前五大客户占营收总额占比超过95%，现阶段仍保持以华为为主的客户结构。武汉凡谷自2007年上市之初就提出了面向全球市场的发展战略，强调强化纵向集成产业链优势，满足核心客户需求并逐步拓展相邻领域业务。经过十余年的发展，企业目前主要发展战略分为成熟领域和新业务领域两大方面。一方面，在成熟业务领域控制成本和提升市场份额，提升企业盈利能力。另一方面，继续进行5G通信、介质陶瓷、自动化、军用通信等方向的战略布局，通过新业务领域的布局来提升自身的抗风险能力和抓住未来机遇的能力。

在行业发展初期,由于市场需求过旺、技术和资金壁垒都较高、客户群集中,移动通信设备行业的利润率一直很高。然而,随着竞争的加剧,产品更新换代速度加快,同类产品的利润空间不断被压缩,技术进步和战略整合将是企业维持利润水平的主要措施。武汉凡谷所处的行业是全球发展最快、技术更新最快的行业之一,设备更新为企业提供了良好的发展机遇也带来了不小的挑战。此外,武汉凡谷的业务很大程度依赖于对系统集成商的需求变化和技术发展的预测,所提供的产品和服务具有高度客户化、小批量和多批次的特点。目前,武汉凡谷面临着行业周期变动所带来的如"过山车"一般的业绩波动,其在新一波政策推动下的发展值得关注和探讨,对于企业来说其战略制定仍需谨慎。配合着企业外部行业环境的变化和企业内部总体战略的转换,对其财务战略的研究也是极为重要的。

3.2 财务战略的文献综述

3.2.1 财务战略及目标的文献综述

(1) 关于经营战略和可持续发展的目标

Sandberg et al. 指出"公司财务战略计划的核心是决定其选择融入其资本结构的财务杠杆程度"[①],即公司债务与资本总额的比率要达到一个目标值。Walter 指出财务战略的目标是获得尽可能多的股东回报,这表明财务战略包括对企业运营效率、资金状况和股利分配等的各种计划,以实现更高的运营效率、更高效的资金使用和资本流动。Harrison 和 Caron 认为财务战略是公司必须提供的资本计划和资本结构,以支持其未来增长并实施竞争战略。Bender 和 Ward 指出财务战略是企业对资金进行筹集、使用和管理的战略,财务战略必须根据总体战略来制定。胡国柳等认为财务战略是基于价值分析的战略思维方式,在企业整

---

① Among the important elements of a company's strategic plan is its decision about the degree of financial leverage it elects to imbed in its capital structure.

体战略协调下，促进资金长期、均衡、有效地流通和分配，以保持企业长期盈利能力。Zainal 认为企业的财务战略可以用于内外部环境分析，解决复杂多变的企业管理问题，它与企业的经营目标相契合，在内外部环境的变化中与经营目标保持动态的一致。管慧芳认为，企业的财务战略对企业的可持续发展起着极其重要的作用，它表明可持续发展是建立在稳定和持续的资本流动基础上的，而企业财务战略具有资源配置和资源优化分配的功能，能够培育企业核心竞争力。

（2）关于价值创造的目标

David 认为财务的规则能够被运用在财务战略这一模型中，从而使按资本成本折现的净现值（NPV）最大化。Slater 认为"财务战略在很大程度上能够影响公司的价值创造。财务战略是投资、筹资、利润分配等财务决策的整合。"[①] 他还指出应当以股东价值最大化为检验标准来决定企业的最佳资本结构、资本分配以及企业收益再投资和再分配的比例。汤谷良指出，企业财务战略是指其在企业总体战略引导下，以财务的规划和使用为重点，以促进资本的有效配置和平衡为标准，目的是保持长期有效平稳提升企业盈利能力和价值增值的战略。戴天婧等通过苹果轻资产盈利模式案例分析，发现财务战略在推动和支持轻资产盈利模式方面起着独到作用。Bender 认为财务战略可以高效利用财务资源，降低融资成本，以最终增加企业的价值。张敦力和魏霄基于契约理论，认为企业战略是为实现长期目标具有前瞻性的契约安排，而财务战略是为实现战略目标的财务契约关系的集合。景魏娟和陈万江分析了不同发展时期经济结构对财务战略和经营战略配置关系的影响，认为实现风险收益均衡的最优配置是保持经济增长和收益最大化的最佳战略配置。徐玉高认为财务战略作为企业战略的层级结构，与业务战略具有协同性，但同时需要在国内制度环境下具有相对独立性。赵志敏认为良好的财务战略能够实现企业的价值创造，并决定基本价值创造模式。Sanz 认为财务战略不仅仅能服务企业整体战略还能够实现企业自身的目标，如企业价值最大化等。Buckland 认为企业财务战略是企业的一项综合性决策，它的根本目标是通过最小的融资成本获得最大的企业价值。王东升认为商业模式决定财务战略，进而决定企业是否实现价值创造。因此，设计商业模式能够规划企业价值创造的路径，并与其财务战略相匹配。

---

① A corporation's financial strategy has substantial potential to influence shareholder value creation. Financial strategy is the product of the corporation's investment, financing, and dividend decisions.

3.2.2 财务战略的类型及评价

(1) 关于财务战略类型的研究

Pearcell 和 Robinson 提出企业财务战略的三个方面,包括筹资、资金分配及股息分配和营运资金管理。阎达五和陆正飞认为企业总体财务战略可分为三类:快速扩张型、稳健发展型和防御收缩型。Bender 和 Ward 提出投资、筹资和利润分配是财务战略的三个方面,这三个方面决定了资本配置的合理比例、最佳资本结构以及收益再投资和分配的合理比例,最终创造股东价值。荆龙姣运用定性和定量结合的方法来确定企业的财务战略,并得出财务分析指标可以用来区分积极扩张、稳健发展和防御收缩型财务战略的结论。Buckland 认为财务战略包括融资、投资战略和股利分配三种类型,它的管理包含了企业融资、投资和分配的过程。

(2) 关于财务战略评价的研究

袁智慧和余灼萍运用财务质量对财务战略进行评判,认为企业在不同财务管理质量情况下应采取不同的财务战略。王安然以华为为例,研究其财务战略上的问题,从而得出技术创新对通信设备制造业极为重要的结论。胡云翔选择云南白药作为案例,对处于战略转型期的云南白药集团财务战略绩效进行评估。通过对比研究,探索云南白药集团在中西药战略转型中需加强管理的地方,为医药行业同类型企业提供借鉴意义。

3.2.3 财务战略矩阵研究

(1) 关于财务战略矩阵含义的研究

20 世纪 80 年代,美国斯特恩斯图尔特咨询公司首次提出一个检验企业经营业绩和价值创造能力的经济增加值指标。希金斯提出了可持续增长理论,认为可持续增长率是指未耗尽财务资金的情况下企业所能达到的最大销售率。

哈瓦维尼首次提出并系统地阐述了财务战略矩阵的基本概念和主要特征,他将经济增加值和可持续增长率这两个指标结合起来。他认为,企业的目标是增加企业价值,而其增值不能以耗尽财务资源为前提,企业需要重视财务资源,企业的战略应该根据企业的价值和资源这两个关键因素做出适当的调整。Johannes et al. 指出财务战略矩阵是财务战略的创新，并对其进行改进，在分析了财务战略矩阵的各因素后，认为加入现金流分析维度后的矩阵更加适合分析。Shahmansuri 和 Shahraji 通过对相关理论的回顾和梳理，指出财务战略矩阵具有适用性，认为它可以帮助企业更好地进行财务战略选择，并进一步探讨企业面对不同情况时应采取的措施。Rajesh 主要研究了可持续增长率在财务战略矩阵中的应用。

（2）关于财务战略矩阵应用的研究

目前，传统财务战略矩阵指哈瓦维尼在 2000 年提出的二维矩阵，主要考虑企业的可持续增长和价值创造。国内外学者主要应用该矩阵来评价或优化企业的财务战略。

闫华红和孙明菲运用财务战略矩阵将所选取的高新技术企业为样本进行分类，从投资、融资和股利分配三个方面选取指标研究样本公司财务战略的现状，并提出相应的建议。赵鹏程运用财务战略矩阵研究民营企业，指出民营企业要坚持可持续发展理念，在制定财务战略时应注重把握时机。黄瑜对通信设备集成商进行了研究，并基于财务战略矩阵对其财务战略提出建议。戴书松和张伟欣针对电子行业企业进行了研究，认为企业的实际增长速度和是否创造价值均会影响企业的融资行为。Ickis et al. 根据财务战略矩阵，以高度成功的苹果公司为例，对苹果公司 2012 年第一季度的财务情况进行分析，发现"苹果公司处于增值型现金剩余状态，矩阵分析结果有助于从业人员确定最佳解决方案，并为管理人员提供明确的指导方针。"[①] 毕玮针对机械装备制造企业，运用财务战略矩阵对其财务战略决策的科学性进行研究，从而为公司实现财务战略目标提供可借鉴的实践经验。刘晓宁和郑少锋利用财务战略矩阵相关理论对房地产行业上市公司进行实证分析，发现房地产行业上市公司在财务战略实施中的问题。李笑雪和李政通过研究得出我国能源行业上市公司总体属于价值减损型现金剩余状态，其价值状态与市销率存在负相关关系，资金状态与现金流量净额和负债总额之比呈正相关。井洁琳通过案例分析探讨了财务战略矩阵在生物制品行业的应用，针对财务政策上存在的问题，提出了相应的对策。刘明玮运用财务战略矩阵理论对我国民营企业的持续化发展进行研究，具体分析其在发展战略过程中存在的失误，以及如何健康发展的策略。

---

① According to this matrix, the company is creating value with excess liquidity, and this context helps practitioners to determine the optimal solution and provides executives with a clear guideline.

(3) 关于财务战略矩阵改进的研究

所谓财务战略矩阵改进主要就是在传统二维基础上纳入新的分析因素。例如，张文强等基于对财务战略矩阵分析加入公司价值的不确定性因素，构建改进的不确定性战略模型，通过层次分析法的比较和检验，最终完成了对并购目标的统筹和优选。冉冬梅在生命周期与经济周期理论的基础上对连锁零售企业的财务战略矩阵进行研究，并通过苏宁的案例对连锁零售企业的财务战略提出建议。卢文娟等在原有财务战略矩阵的基础上，提出了融合生命周期法的新的矩阵耦合模型。李蕾红和朱莎莎同样将生命周期理论嵌入财务战略矩阵，并利用深康佳的案例分析验证了该方法的可行性和可信度，提供了财务战略制定的新思路。在生命周期理论与财务战略矩阵的结合中，已有学者在分析中考虑到企业的经营风险因素，分析了不同发展周期企业的不同经营风险。冯自钦建立了基于财务协同控制的企业集团多维价值效应基本矩阵评价模型和扩展矩阵评价模型，并使用该模型对我国设备制造行业的企业集团进行分析。

也有不少学者将经营风险考虑其中，加入经营风险的考量有利于企业对财务战略进行规划和实施。吴武清等阐述了财务风险和经营风险间的权衡，并提出了一个由财务风险、经营风险和系统风险形成的新的经济理论模型，三者在模型中动态关联。王彦伟提出企业必须分析现有的经营风险才能建立科学的财务战略风险体系，进而在市场竞争中占据主导地位，完善财务战略和发展战略。景魏娟和陈万江结合企业的经营和财务两个方面，通过分析不同风险和收益平衡下的经济结构，最终分析不同发展阶段下企业的经营战略和财务战略之间的配置关系，并确定企业的最佳战略配置。高原和汤谷良以现金流为出发点，从经营风险和投融资两个方面分析苏宁和国美的财务战略转型路径，提出企业在财务战略转型中必须注重经营风险和财务风险的平衡。陈艳红提出财务战略与经营风险密切相关，企业财务状况直接影响到资金状况，进而导致经营风险产生，因此，企业应改善内部财务状况规避内部经营风险。

3.2.4 现有文献评述

综合以上文献进行归纳和总结可以发现，国内外关于财务战略的研究多数围绕在对其概念、类型、目标及应用的理论知识上，而关于财务战略矩阵的研究较晚。总而言之，有关财务战略和财务战略矩阵的研究十分丰富。近些年来，学者们的研究方向主要放在对财务战略矩阵的应用和改进方面。在应用方面，关于财务战略的案例分析较多，而基于财务战略矩阵的案例分析较少。现有文献中关于财务战略的案例分析虽然较为丰富，但多为定性描述和研究，而财务战略矩阵是一个从整体上用数据描摹和评价财务状态的分析工具，具有更强的说服力。因此，围绕其改进方面进行相应的研究更有现实意义。特别是目前通信行业整体经营风险程度较高，本章借鉴已有文献对传统财务战略矩阵模型进行改进，引入经营风险这一维度，运用财务战略三维矩阵模型对案例企业进行分析，具有较大的现实意义。

3.3 财务战略评价基本理论

3.3.1 财务战略的评价方法

（1）传统评价体系

传统的财务战略评价体系是一种基于传统财务报表业绩的评价体系。它一般是以历史成本原则下的财务报表数据为分析对象，以净资产收益率（ROE）为核心指标并伴随各种财务分析指标构建而成的。传统的财务战略评价体系的特点在于数据来源明确、可验证且易于获取。但是这种评价体系的范围仅仅局限在企业内部历史财务数据的评价，只能发现问题而难以提供解决问题的思路，只能做出评价而难以改善企业未来的状况，缺乏前瞻性和科学性。

（2）财务战略矩阵评价方法

财务战略矩阵能够有效地分析和评价企业的财务战略，它通过价值创造维度和可持续增长维度构建一个二维矩阵将企业的价值创造与现金余缺结合在一起。因此，传统的财务战略二维矩阵是一种分析工具，它一方面考察企业是否真正实现了价值创造，另一方面衡量在这一情况下企业的现金是否支持，前者是企业的战略目标，后者是企业在实施目标过程中必须考虑的内容，从而达到总体战略与财务战略的协调统一。财务战略矩阵基本模型由两个重要维度组成，价值创造与可持续增长。

①价值创造维度。对价值创造能力进行有效衡量的指标是经济增加值（EVA），它通过揭示价值创造的途径和对价值创造因素的筛选，已成为公认的衡量指标。

当企业投资收益＞加权平均资本成本时，企业创造价值。因此，EVA 是衡量企业是否实现价值增值的指标，是经调整后的税后净营业收入与总资本成本的差额。

EVA 将传统的会计利润进行调整，以便能更加真实地反映企业创造的价值。经整理后的经济增加值的计算公式如下：

EVA = 营业利润(调整后) − 资本总额(调整后) × 加权平均资本成本

其中：

营业利润(调整后) = 净利润 + 利息支出 + 研发费用（费用化）+ 摊销商誉（本期）+ 减值准备增加额 + 递延所得税贷方增加额 − 递延所得税借方增加额 − 营业外收入 + 营业外支出

资本总额(调整后) = 资产总额 − 无息流动负债 + 在建工程 + 各类减值准备余额 + 商誉摊销余额 + 递延所得税贷方余额 − 递延所得税借方余额 + 累计营业外支出 − 累计营业外收入

加权平均资本成本 = 税后债务资本成本 × 债务占比 + 权益资本成本 × 权益占比

税后债务资本成本 = 税后短期债务资本成本 × 短期债务占比 + 税后长期债务资本成本 × 长期债务占比

权益资本成本 = 无风险收益率 + BETA ×（市场收益率 − 无风险收益率）

②可持续增长维度。对现金余缺状况的衡量选取了实际销售增长率与可持续增长率之差，这是因为可持续增长率的提出者希尔金认为企业的发展应以不消耗过多资源为前提，可持续增长率正是反映企业平衡状态下的发展速度，如果企业实际的增长超过这一数值，这表示企业资源将会出现短缺，反之亦然。

可持续增长率是假设企业保持经营效率和财务政策不变且不增发新股的情况下，企业在当年销售获得的最大增长率。而实际增长率是企业本年营业收入比上年营业收入的增长百分比。两者之间的差额反映了企业为销售增长提供资金的能力。如果可持续增长率＜销售增长率，说明企业提供资金的能力较弱，正常增长产生的资金不能为企业未来的增长提供支持；反之，则说明企业提供资金能力强，正常增长产生的资金充足。可持续增长率和实际增长率的计算公式如下：

可持续增长率 = 股东权益增长率 = 留存收益/期初股东权益

实际增长率 =（本年主营业务收入 - 上年主营业务收入）/上年主营业务收入

③财务战略二维矩阵。价值创造（投资资本回报率 - 资本成本）和现金余缺（销售增长率 - 可持续增长率）分别作为矩阵的纵坐标和横坐标，以此建立起四个象限，如图 3 - 3 所示。

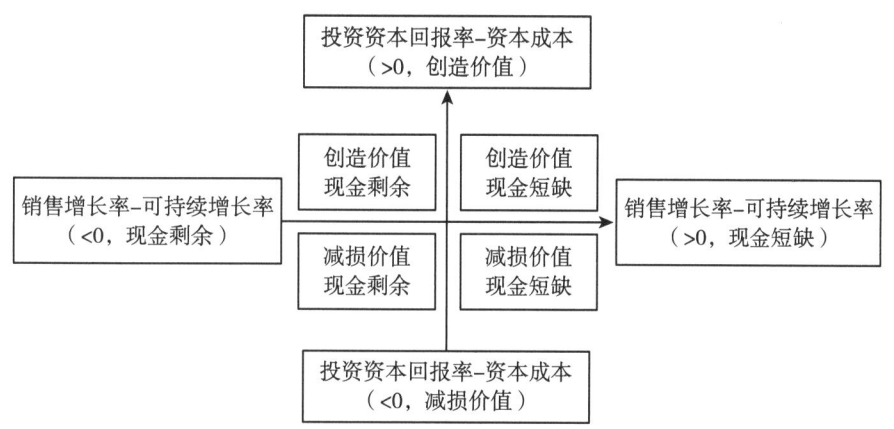

图 3 - 3　财务战略二维矩阵图

处于不同象限的企业应当选择不同的财务战略。

第一象限为增值型现金短缺，说明企业为股东创造了价值，但出现了现金短缺问题，现金流已不能支持企业实际的销售增长。第二象限为增值型现金剩余，说明企业为股东创造了价值且能够为未来发展提供充足资金。第三象限为减损型现金剩余，说明企业资源未得到充分利用，存在现金剩余但盈利能力较差，无法创造价值。第四象限为减损型现金短缺，说明企业处于极端衰落期，价值减损且缺乏资源，基本上可以采取的对策是重组或者出售。

（3）财务战略三维矩阵评价方法

有效战略必须关注企业增长、回报和风险三维的动态平衡度。二维不能全面描述企业财务战略实践的现状，而三维测量方法能较全面地描述企业财务战略实践现状及其风险。基本财务战略矩阵通过一个矩阵把价值创造和现金余缺联系起来，但缺少对经营风险的衡量。对于武汉凡谷一类的通信设备制造业企业而言，除了价值创造和现金余缺，经营风险也是企业在财务战略选择中极为重要的一个因素。企业所处的成长阶段不同，随着行业周期性变化所面临的投资项目也不同，经营风险会发生变化，因此，有必要考虑经营风险这一因素。

此外，通过分析可以发现在对企业的资本结构做出决策前需要将经营风险纳入其中。因此，本节借鉴已有文献研究，构建以价值创造、现金余缺和经营风险为坐标的三维财务战略矩阵模型，如图 3-4 所示。

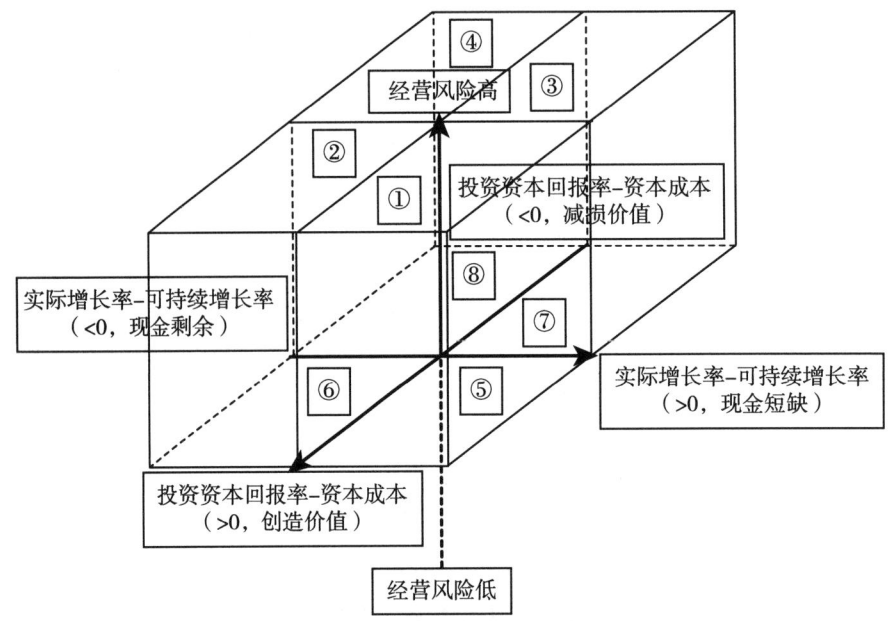

图 3-4　财务战略三维矩阵图

表 3-1 列示了财务战略三维矩阵图中的 8 种状态。

表 3-1　　　　　三维财务战略矩阵矩阵状态划分

序号	所处状态
①	增值型现金短缺，经营风险高
②	增值型现金剩余，经营风险高
③	减损型现金短缺，经营风险高
④	减损型现金剩余，经营风险高
⑤	增值型现金短缺，经营风险低
⑥	增值型现金剩余，经营风险低
⑦	减损型现金短缺，经营风险低
⑧	减损型现金剩余，经营风险低

经营风险的产生是由于企业经营状况及环境的变化而导致其营业利润率剧烈波动的风险。因为经营杠杆对经营风险的影响最为综合，因此，经营杠杆是

衡量企业经营风险大小的一个重要指标,本章主要通过对企业固定成本和变动毛利进行分析,并计算出经营杠杆系数来衡量案例企业经营风险的大小。

经营杠杆的产生是由于固定成本的存在,导致企业的息税前利润率大于产销量变动率。根据成本性态的不同划分,当企业产销量增加时,固定成本将保持不变,这就造成单位产品固定成本下降而单位产品利润上升,产品的利润增长率高于产销量增长率,反之亦然。为了量化企业的经营杠杆,会计中把息税前利润变动率与产销量变动率之间的比值称为经营杠杆系数。经营杠杆系数计算公式如下:

经营杠杆系数=息税前利润变动率/产销业务量变动率

在计算时,通常简化为:

经营杠杆系数=边际贡献/息税前利润

通过构建财务战略三维矩阵模型,加入经营风险这一维度,将原有的4类不同财务战略优化类型扩充至8类。在二维财务战略矩阵模型的基础上,企业还需要考虑经营风险的高低,选择不同的投融资战略,调整资本成本结构,权衡经营风险和财务风险。

3.3.2 基于三维矩阵的财务战略优化

财务战略三维矩阵将企业的价值创造、可持续增长和经营风险三个维度融合在一起,强调三个维度的动态平衡。它的优点是可以综合分析企业所处的状态,并将企业的各年所处的状态定位于三维矩阵中,加以分析和选择优化措施。三维矩阵基于三个维度评价数值,因此,必须了解企业所处的阶段,才能准确地选择相应的财务策略,以达到优化的目的。

(1) 不同经营风险下增值型现金短缺

处于增值型现金短缺的企业其现有业务能够为股东带来价值增值,但其产生的现金流与实际增长所需要的资金储备还存在一定差距,因此出现现金短缺状态。在这种情况下,业务增长越快将导致资金短缺更加严重。此时财务战略的原则是要尽可能增加现金流入来维持业务增长。在此要区分该状态是短期性还是长期性的,如果是短期性的,则企业可以通过借款获得更多的资金,只需要待企业销售增长率下降后有了剩余的现金就可以偿还借款。如果该状态是长期性的,则企业可以从提高可持续增长率和增加权益资本两个方面来进行财务战略优化,参见表3-2所示。将经营风险纳入考虑后,企业融资决策将会受到经营风险的影响,若企业经营风险高,则要谨慎考虑是否通过借款取得资金。

表3-2　　　　　　　增值型现金短缺下企业财务战略优化

企业财务战略优化			不同经营风险下的适用
增值型现金短缺	提高可持续增长率	提高经营效率	提高税后经营利润率	不同经营风险下均可
			提高周转率	
		改变财务政策	减少股利分配	
			增加借款	经营风险低
	增加权益资本	增发股份或配股		不同经营风险下均可

(2) 不同经营风险下增值型现金剩余

处于增值型现金剩余状态的企业其业务较为成熟。现有业务不仅可以为股东带来价值增值,还能提供未来发展需求的现金流,企业应该努力保持这种理想状态。采取的财务策略可以分为两种,一种是加速增长,即使用超额现金增加内部投资或收购相关业务。另外一种是分配给股东,即通过增加股利支付或回购股份将过剩资金返还给股东,股东可以选择其他投资。考虑企业经营风险的情况下,若企业经营风险过高,可以用剩余资金提前偿还债务,优化资本结构;若企业经营风险低,则可以适当增加债务资本来筹集更多资金,但要注意保持稳健适中的资本结构。参见表3-3所示。

表3-3　　　　　　　增值型现金剩余下企业财务战略优化

企业财务战略优化			不同经营风险下的适用
增值型现金剩余	加速增长	增加内部投资	若经营风险高则先偿还债务,优化资本结构,再进行左侧的财务战略优化
		收购相关业务	
	分配给股东	增加股利支付	
		回购股份	

(3) 不同经营风险下减损型现金剩余

处于减损型现金剩余的企业大多处于成熟期向衰退期过渡的阶段。现有业务已无过多的利润空间,但仍旧能产生足够的现金流维持企业自身发展,这是处于衰退期的前兆。企业在现阶段必须尽快重构,一旦发现无法重构,应立即放弃。重构的主要目标就是提高企业的投资资本回报率,在现金充裕的情况下应该尽快将余下资金用于提高投资资本回报率。如果当年已经无法稳固业务和提高回报率，应立即将余下资金返还给股东，以减少来年股息分配压力。如果预见企业已无法通过重构扭转态势，可以考虑出售该业务。经营风险适中或低的情况下，可以考虑增加借款，投资增值型业务。经营风险高的情况下，可以考虑权益融资或是出售减损型业务。参见表3-4所示。

表3-4　　　　　　　减损型现金剩余下企业财务战略优化

企业财务战略优化			不同经营风险下的适用
减损型现金剩余	提高投资资本回报率	提高税后经营利润率	经营风险适中或低情况下，可以考虑增加借款，投资增值型业务；经营风险高的情况下，可以考虑权益融资或是出售减损型业务
		提高周转率	
	分配或出售	增加股利支付	
		出售业务	

（4）不同经营风险下减损型现金短缺

一般而言，处于衰退末期的企业大部分属于减损型现金短缺状态，企业的现有业务既不能为股东带来价值，又不能产生足够的资金来支持现有业务的发展。管理层如果有能力扭转态势，则可以选择"彻底重组"方案；如果不能完全改变这种糟糕的局面，就必须果断又完全地退出业务以减少损失。此时，经营风险的高或低对企业财务战略选择并没有起到多大的作用，因为企业已经变得无路可退。参见表3-5所示。

表3-5　　　　　　　减损型现金短缺下企业财务战略优化

企业财务战略优化		不同经营风险下的适用
减损型现金短缺	彻底重组	无论经营风险是高是低，企业都必须选择"彻底重组"或出售

3.4　武汉凡谷财务战略三维矩阵分析

武汉凡谷电子技术股份有限公司前身是1989年创立的武汉凡谷电子技术研究所，1999年武汉凡谷研究所改制成为武汉凡谷电子技术有限责任公司。公司于 2007 年 12 月 7 日登陆深交所中小板，股票代码为 002194，目前公司主要业务是移动通信天馈系统射频器件的开发和生产。公司自成立后主营业务集中于发展移动通信天馈系统射频器件，主要生产滤波器、射频器件、POI（多系统接入平台）、介质材料、微波器件、合路器、双工器、塔顶放大器以及结构件等，凭借自有知识产权和研发平台，满足客户定制产品需求。

公司自 2007 年上市后，到 2013 年业绩不断攀升，但近几年业绩出现了明显下滑。公司的净利润在 2014 年为 1.37 亿元，2015 年下滑至 7503.41 万元，到了 2016 年首次出现 1.65 亿元的亏损，2017 年产生 5.03 亿元的巨额亏损。由于相关产品的周期性，在 4G 业务经营压力渐趋增加的情况，对应产品毛利率的下滑是大势所趋。然而 5G 项目盈利时点存在着较大的不确定性，预计 2020 年市场才可能开始大规模商用。

3.4.1　武汉凡谷财务战略目标

由于武汉凡谷从 2016 年以来开始巨额亏损，甚至面临退市的风险，因此公司将盈利作为首要的经营目标，主要工作是扩大业务规模，实现扭亏为盈。公司运营管理方式也调整为"以财务管理为纲，产品线运营和职能管理为目"，即贯彻高质、高效的业务流程和执行管理，辅助过程稽核、优化，纲举目张地进行系统性运营管理。武汉凡谷的发展战略也适时调整为：一方面在成熟业务上，提升盈利能力，提高技术壁垒；另一方面利用已有业务积淀，积极推进其他相关产业布局。在成熟业务领域，公司表示会以控制成本和提升市场份额为手段，将提升盈利能力作为公司经营的首要目标。主要策略有：控制原材料成本、供应链策略优化、精益改善、平台化建设、信息系统升级等。在新业务领域，公司表示会继续进行 5G 通信、介质陶瓷、自动化、军用通信等方向的战略布局，并提升公司的抗风险能力和抓住未来机遇的能力。

为了实现这一目标，武汉凡谷在财务战略上进行了多方面的调整。在筹资战略方面，武汉凡谷仅在 2016 年进行非公开增发募集资金 12579.89 万元，银行借款方面也仅在 2007 年、2008 年和 2016 年产生银行借款，筹资战略较为稳健。2017 年武汉凡谷提出要全力推进公司非公开发行股票工作，为公司生产运营和投资项目提供资金保证；除此之外，加强与银行的合作，合理利用银行授信，降低融资成本。在投资战略方面，公司在多个技术路径上进行了资源投入，主要投资项目也在根据市场的需求进行调整。投资额的逐步上升需要市场的开拓来实现收益,因此,还未能在财务数据中见到明显成效。营运资本管理战略方面,公司在2016年出现了成本核算的重大纰漏,财务核算系统存在巨大问题,内部控制存在重大缺陷,表明公司在营运资本管理方面还有诸多不足。在2017年武汉凡谷开始注重完善财务核算系统,加强对财务人员的管理和培训。在利润分配战略方面,武汉凡谷从2016年首次停止分配现金股利,随着财务困境的显现,武汉凡谷也一改往日"慷慨"一面,开始转向"存钱"扭亏的战略部署。

3.4.2 武汉凡谷财务战略三维矩阵构建

(1)价值创造维度的构建

①债务资本成本的确定。由于武汉凡谷自2007年上市后,仅在2007年和2008年存在银行贷款,2016年借入的银行借款在当年还清,所以本节采用2007年央行公布的五年期贷款利率和2008年央行公布的一年期贷款利率作为公司有息负债的税前资本成本的基准利率(如表3-6所示),同时与无息负债进行加权平均,计算全部债务资本成本率。其余年度武汉凡谷的债务资本主要以无息的各类应付款项和预收账款为主,不存在需要偿付利息的各类短期借款和长期借款,因此,假设这些年度其债务资本成本率为0。

表3-6　　　　央行2007—2008年金融机构人民币贷款基准利率表[①]　　　　　%

发布日期	六个月以内（含六个月）	六个月至一年（含一年）	一至三年（含三年）	三至五年（含五年）	五年以上
2006.08.19	5.58	6.12	6.30	6.48	6.84
2007.03.18	5.67	6.39	6.57	6.75	7.11
2007.05.19	5.85	6.57	6.75	6.93	7.20
2007.07.21	6.03	6.84	7.02	7.20	7.38
2007.08.22	6.21	7.02	7.20	7.38	7.56
2007.09.15	6.48	7.29	7.47	7.65	7.83

---

① 数据来源于中国人民银行货币政策司公开现行金融机构人民币贷款基准利率(最后更新日期为2015年10月24日) http://www.pbc.gov.cn/zhengcehuobisi/125207/125213/125440/125838/125888/2968985/index.html。

续表

发布日期	六个月以内（含六个月）	六个月至一年（含一年）	一至三年（含三年）	三至五年（含五年）	五年以上
2007.12.21	6.57	7.47	7.56	7.74	7.83
2008.09.16	6.21	7.20	7.29	7.56	7.74
2008.10.09	6.12	6.93	7.02	7.29	7.47
2008.10.30	6.03	6.66	6.75	7.02	7.20
2008.11.27	5.04	5.58	5.67	5.94	6.12
2008.12.23	4.86	5.31	5.40	5.76	5.94

根据表3-6中数据，对2007年一年期贷款基准利率和2008年五年期贷款基准利率进行加权计算，得到2007年长期借款的税前资本成本率和2008年短期借款的税前资本成本率，结果参见表3-7，并据此通过计算出武汉凡谷的税后债务资本成本，如表3-8所示。

表3-7　　　　　　　加权平均借款税前资本成本率表　　　　　　　　%

年份	2007年	2008年
六个月至一年（含一年）	—	7.19
三至五年（含五年）	7.03	—

表3-8　　　　　　武汉凡谷税后债务资本成本计算表　　　　　　单位：元

年份	2007年	2008年
短期借款	—	50000000.00
长期借款	59000000.00	—
无息负债	328402570.12	315988449.34
有息负债占比	15.23%	13.66%
无息负债占比	84.77%	86.34%
加权平均债务资本成本	1.07%	0.98%

②无风险收益率的确定。学术界一般认为，可以用国债收益率或者一年期银行存款利率作为无风险收益率的参考值。但是，由于我国的国债期限较长，国债收益率一般来说会大于其市场收益率，不能真实地反映市场收益情况。因

此，本节将采用央行 2012—2016 年的一年期存款利率作为无风险收益率，见表 3-9 所示。

表 3-9　　央行 2012 年至 2016 年金融机构人民币存款基准利率表[①]　　%

发布日期	活期存款	三个月	半年	一年
2006.08.19	0.72	1.80	2.25	2.52
2007.03.18	0.72	1.98	2.43	2.79
2007.05.19	0.72	2.07	2.61	3.06
2007.07.21	0.81	2.34	2.88	3.33
2007.08.22	0.81	2.61	3.15	3.60
2007.09.15	0.81	2.88	3.42	3.87
2007.12.21	0.72	3.33	3.78	4.14
2008.10.09	0.72	3.15	3.51	3.87
2008.10.30	0.72	2.88	3.24	3.60
2008.11.27	0.36	1.98	2.25	2.52
2008.12.23	0.36	1.71	1.98	2.25
2010.10.20	0.36	1.91	2.20	2.50
2010.12.26	0.36	2.25	2.50	2.75
2011.02.09	0.40	2.60	2.80	3.00
2011.04.06	0.50	2.85	3.05	3.25
2011.07.07	0.50	3.10	3.30	3.50
2012.06.08	0.40	2.85	3.05	3.25
2012.07.06	0.35	2.60	2.80	3.00
2014.11.22	0.35	2.35	2.55	2.75
2015.03.01	0.35	2.10	2.30	2.50
2015.05.11	0.35	1.85	2.05	2.25
2015.06.28	0.35	1.60	1.80	2.00
2015.08.26	0.35	1.35	1.55	1.75
2015.10.24	0.35	1.10	1.30	1.50

[①] 数据来源于中国人民银行货币政策司公开现行金融机构人民币存款基准利率（最后更新日期为 2015 年 10 月 24 日）http://www.pbc.gov.cn/zhengcehuobisi/125207/125213/125440/125838/125885/125896/index.html。

通过对表3-9中一年期存款利率的加权计算,得到2007年至2016年每年的加权平均一年期人民币存款利率表,如表3-10所示。

表3-10　　　　加权平均一年期人民币存款利率表　　　　　　　%

年份	2007	2008	2009	2010	2011	2012	2013	2014	2015	2016
一年期存款利率	3.15	3.94	2.25	2.29	3.29	3.23	3.00	2.98	2.13	1.50

③市场风险溢价的确定。石一兵先生根据多年的国内评估实践经验并结合其他国际咨询公司的评估模型,对国内市场风险溢价进行测定并复核。本节根据石一兵先生的测算结果,将市场风险溢价的参数值设定为7.75%。

④BETA(β)系数的确定。利用国泰安CSMAR数据库筛选出表3-11中的武汉凡谷2007—2016年的BETA系数值[①]。

表3-11　　　　武汉凡谷2007—2016年BETA系数值

年份	2007	2008	2009	2010	2011	2012	2013	2014	2015	2016
BETA	0.93	0.93	0.82	1.31	1.35	1.30	1.29	1.14	1.26	1.35

⑤经济增加值(EVA)的计算。通过计算,得到武汉凡谷2007—2011年的经济增加值,如表3-12所示。2012—2016年的经济增加值则见表3-12(续)。

表3-12　　　武汉凡谷2007—2011年经济增加值(EVA)
　　　　　　　　　　　　计算表[②]　　　　　　　　　　　　单位:万元

年份	2007	2008	2009	2010	2011
1. 税后经营净利润					
净利润	22904.01	32909.20	34095.35	21341.08	16046.50
利息支出	583.02	627.50	126.99	1.73	—
摊销的研发费用	—	—	—	5957.82	8212.00
商誉本期摊销额	—	—	—	—	—
当年计提坏账准备	1550.70	871.55	63.06	55.37	83.52
当年计提存货跌价准备	349.80	314.61	401.90	356.68	897.27

---

① 根据国泰君数据库公司研究系列——EVA专题子模块中武汉凡谷BETA一年总市值加权计算表得到BETA系数值,由于国泰安系统中缺失武汉凡谷2007年BETA系数值,在此使用2008年的系数值近似替代。
② 数据来源于武汉凡谷2007—2016年年报中合并资产负债表、合并利润表和资产减值明细表。

续表

年份	2007	2008	2009	2010	2011
当年计提固定资产减值准备	—	—	—	—	—
递延所得税负债当年增加数	(8.67)	276.76	(221.13)	190.66	(107.45)
减：递延所得税资产当年增加数	350.57	541.03	101.39	181.43	(99.93)
减：营业外收入	828.47	1564.83	1101.99	938.27	742.44
加：营业外支出	19.00	193.07	22.36	17.07	18.27
平均所得税比率	13.86%	7.39%	14.63%	16.61%	15.36%
调整项×(1−平均所得税比率)	831.26	(126.85)	(1034.77)	4255.34	6402.02
税后净营业利润（NOPAT）	23735.28	32782.35	33060.57	25596.42	22448.53

2. 调整后的资本总额

年份	2007	2008	2009	2010	2011
平均所有者权益	103624.50	179212.36	192938.14	201050.48	206552.41
平均负债合计	37220.04	37669.55	36641.41	33516.21	26914.92
减：平均无息流动负债	34270.04	32219.55	36641.41	33516.21	26914.92
加：坏账准备	1702.22	2572.94	2337.66	2393.03	2181.87
存货跌价准备	969.64	1284.25	1259.41	1616.09	2513.36
商誉减值准备	—	—	—	—	—
递延所得税负债	399.20	675.96	454.83	645.49	538.04
营业外支出	19.00	193.07	22.36	17.07	18.27
减：递延所得税资产	980.23	1521.26	1622.65	1804.08	1704.15
减：营业外收入	828.47	1564.83	1101.99	938.27	742.44
减：在建工程	753.32	5863.81	8301.59	4501.41	4590.89
调整后的资本总额	107102.53	180438.68	185986.16	198478.39	204766.46

续表

年份	2007	2008	2009	2010	2011
3. 加权平均资本成本率					
债务比重	26.43%	17.37%	15.96%	14.29%	11.53%
权益比重	73.57%	82.63%	84.04%	85.71%	88.47%
税后债务资本成本率	0.92%	0.99%	0.00%	0.00%	0.00%
权益资本成本率	7.43%	7.48%	6.76%	9.44%	9.31%
加权平均资本成本率	5.71%	6.36%	5.68%	8.09%	8.24%
4. EVA	17621.19	21314.28	22494.53	9532.80	5580.69

表 3-12（续） 武汉凡谷 2012—2016 年经济增加值（EVA）计算表

单位：万元

年份	2012	2013	2014	2015	2016
1. 税后经营净利润					
净利润	3928.39	4878.98	13663.48	7503.41	(16526.29)
利息支出		—	—	—	185.91
摊销的研发费用	6708.30	6751.86	7111.22	9193.42	10950.35
商誉本期摊销额	—	—	—	—	—
当年计提坏账准备	596.18	(137.85)	1372.20	708.93	(2149.33)
当年计提存货跌价准备	1966.87	2002.02	507.50	1907.96	5476.69
当年计提固定资产减值准备	—	—	—	—	—
递延所得税负债当年增加数	(166.04)	(15.06)	(7.39)	(21.21)	324.66
减：递延所得税资产当年增加数	249.59	582.01	(491.21)	63.32	907.95
减：营业外收入	1114.71	1158.11	282.84	786.83	1556.50
加：营业外支出	24.57	67.12	89.73	258.02	32.55
平均所得税比率	13.66%	17.70%	16.51%	18.00%	15.00%
调整项×(1-平均所得税比率)	5006.61	4054.06	7325.52	7616.99	5847.74
税后净营业利润（NOPAT）	8935.00	8933.04	20989.00	15120.40	(10678.55)

续表

年份	2012	2013	2014	2015	2016
2. 调整后的资本总额					
平均所有者权益	202642.86	195928.95	198251.68	203276.33	202009.02
平均负债合计	23940.76	30072.34	44296.97	49117.34	50334.52
减：平均无息流动负债	23940.76	30072.34	44296.97	49117.34	50334.52
加：坏账准备	2778.04	2636.20	4117.44	4682.42	2368.98
存货跌价准备	4480.22	6479.48	6028.21	7936.17	13084.89
商誉减值准备	—	—	—	—	—
递延所得税负债	372.00	356.94	349.55	328.34	653.00
营业外支出	24.57	67.12	89.73	258.02	32.55
减：递延所得税资产	1953.74	2535.75	3026.95	3090.27	3998.22
减：营业外收入	1114.71	1158.11	282.84	786.83	1556.50
减：在建工程	4280.00	2384.08	2497.31	4825.73	4339.86
调整后的资本总额	202949.24	199390.75	203029.51	207778.45	208253.86
3. 加权平均资本成本率					
债务比重	10.57%	13.31%	18.26%	19.46%	19.95%
权益比重	89.43%	86.69%	81.74%	80.54%	80.05%
税后债务资本成本率	0.00%	0.00%	0.00%	0.00%	0.00%
权益资本成本率	9.11%	9.13%	8.42%	9.21%	9.94%
加权平均资本成本率	8.14%	7.91%	6.88%	7.42%	7.96%
4. EVA	(7592.91)	(6844.69)	7019.66	(293.95)	(27245.74)

从计算结果中可以看出，武汉凡谷上市后EVA值总体是呈下降趋势。其中2007—2011年，即上市后前五年，EVA值为正，表现为价值创造；2012—2013年EVA值为负，表现为价值减损；2014年转负为正后，2015年再次进入价值创造状态，而2016年下降幅度惊人，价值减损幅度巨大，见图3-5所示。由此可见，武汉凡谷自上市后盈利能力在波动中逐步下降，处境堪忧。

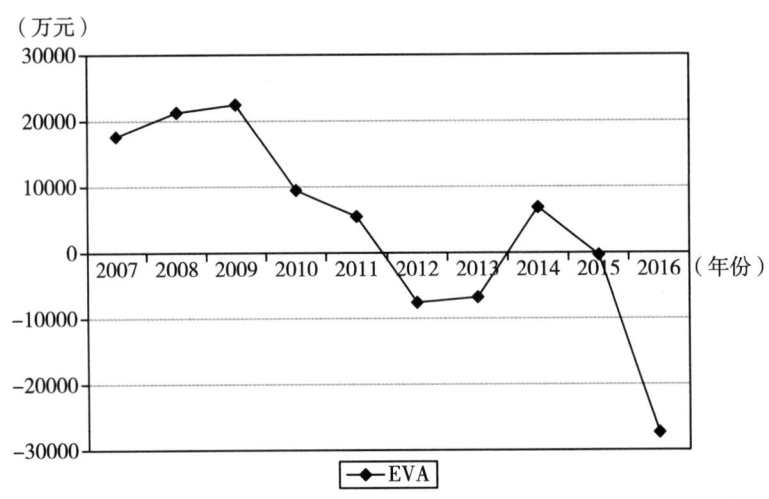

图 3-5 武汉凡谷 2007 年至 2016 年 EVA 计算结果变化图

对比主要竞争对手大富科技、春兴精工和东山精密,可以发现,这三家企业均在 2011 年开始逐步进入价值减损状态。其中,大富科技与武汉凡谷的所处状态最为相似,最近五年中仅有 2014 年创造价值。而春兴精工则在 2012—2013 年进入价值减损区间,2014 年又开始转而增值。山东精密则在 2011—2016 年均属于价值减损。如表 3-13 所示。

表 3-13　　　　　　　主要竞争对手经济增加值(EVA)①　　　　　单位:万元

年份	2010	2011	2012	2013	2014	2015	2016
大富科技	15394.85	1494.69	-34258.17	-7834.75	36475.27	-4028.76	-20369.29
春兴精工	—	933.87	-13409.46	-1277.17	3875.35	7920.63	4895.31
山东精密	4122.52	-3773.49	-20328.38	-6842.08	-4424.53	-10875.83	-7496.54

由于全球主要通信设备集成商的并购重组,客户范围狭窄,因此,造成行业内企业均不同程度上存在客户集中度风险,行业内竞争逐步加大。企业的产品定价随着产品逐步成熟而不断被客户压低,但原材料为铝合金等大宗商品价格大幅上涨,利润区间逐步收窄,亏损已成为行业内普遍存在的现象。武汉凡谷的主要客户为华为,其营业收入中约有 70% 来自华为,但华为的主要供应商却不止一家,仅上市公司就有武汉凡谷、大富科技和春兴精工三家。因此,武

---

① 根据国泰君数据库公司研究系列——EVA 专题子模块中 EVA 年度数据统计表内大富科技、春兴精工和山东精密的 EVA 值整理得到。

汉凡谷对客户形成单向依赖，客户议价能力更强，客户对产品品质的要求逐年提高，而技术攻关的过程中会产生一定的资源消耗，产品售价无优势。除此之外，客户对产品的交付时间有较高的要求，公司必须要快速响应供应商要求，这需要对人力、设备等生产资源进行足量的投入，以满足订单峰值时的交付需求。

（2）可持续增长维度的构建

根据武汉凡谷2007—2016年年报中合并资产负债表、合并利润表和资产负债表日后利润分配情况说明中的数据，计算得到武汉凡谷可持续增长率与实际增长率的差，结果见表3-14和图3-6所示。

表3-14　　武汉凡谷可持续增长率与实际增长率之差计算表　　单位：万元

年份	2007	2008	2009	2010	2011
净利润	22904.01	32909.20	34095.35	21341.08	16046.50
现金股利支付	0.00	12828.00	12828.00	13897.00	13897.00
留存收益	22904.01	20081.20	21267.35	7444.08	2149.50
期初所有者权益	38077.24	169171.76	189252.96	196623.31	205477.66
可持续增长率	60.15%	11.87%	11.24%	3.79%	1.05%
本年营业收入	103206.82	140940.82	135115.76	98976.42	100046.40
上年营业收入	81765.91	103206.82	140940.82	135115.76	98976.42
实际增长率	26.22%	36.56%	-4.13%	-26.75%	1.08%
实际增长率与可持续增长率之差	-33.93%	24.69%	-15.37%	-30.53%	0.03%
年份	2012	2013	2014	2015	2016
净利润	3928.39	4878.98	13663.48	7503.41	(16526.29)
现金股利支付	8338.20	5558.80	5558.80	555.88	0.00
留存收益	(4409.81)	(679.82)	8104.68	6947.53	(16526.29)
期初所有者权益	207627.16	197658.56	194199.34	202304.02	204248.63
可持续增长率	-2.12%	-0.34%	4.17%	3.43%	-8.09%
本年营业收入	103933.55	112430.67	177235.99	177118.34	167535.83
上年营业收入	100046.40	103933.55	112430.67	177235.99	177118.34
实际增长率	3.89%	8.18%	57.64%	-0.07%	-5.41%
实际增长率与可持续增长率之差	6.01%	8.52%	53.47%	-3.50%	2.68%

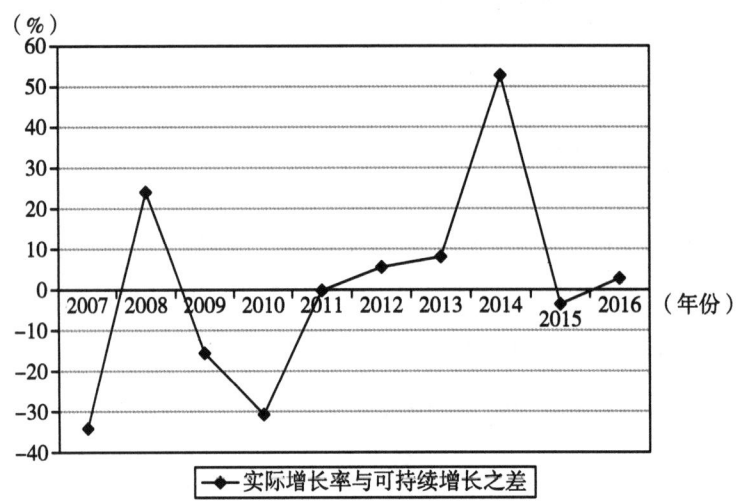

图 3-6 武汉凡谷 2007 年至 2016 年可持续增长维度计算结果变化图

从图 3-6 中可以看出，武汉凡谷上市后实际增长率与可持续增长率之差总体是呈波动性上升趋势。换言之，武汉凡谷现金余缺状态是逐步从现金剩余向现金短缺转变。2007—2011 年武汉凡谷基本上处于现金剩余状态，而 2012—2016 年则基本上处于现金短缺状态。由此可见，2012 年以后武汉凡谷的实际增长率高于可持续增长率，企业财务资源所能提供支持的程度远低于实际的销售增长率，企业应该更加关注资金的筹集和业务增长规模。

表 3-15　　　　主要竞争对手可持续增长维度计算结果[①]

公司	2010	2011	2012	2013	2014	2015	2016
大富科技	30.09%	10.89%	59.92%	23.13%	19.24%	-14.56%	16.89%
春兴精工		42.10%	21.75%	33.84%	64.81%	-14.11%	13.68%
山东精密	33.55%	31.23%	62.23%	44.19%	29.88%	10.88%	104.35%

从同行业的主要竞争对手的对比情况来看，大多数企业在 2011 年开始均属于现金短缺状态，特别是东山精密近 6 年均出现现金短缺情况。而大富科技和春兴精工则与武汉凡谷如出一辙，均只在 2015 年出现现金剩余，其他年份出现现金短缺。这说明武汉凡谷在可持续增长维度的计算结果不是特例，大部分企

---

① 数据来源于大富科技、春兴精工和山东精密 2010—2016 年年报合并资产负债表、合并利润表和资产负债表日后利润分配情况说明，列示数据为可持续增长率与实际增长率之差，结果为正表示现金剩余，结果为负表示现金短缺。

业均出现可持续增长率与实际增长率之差为负的结果,现金短缺是行业内普遍存在的现象。如表3-15所示。

(3)经营风险维度的构建

在财务管理中,由于企业存在固定成本,造成经营杠杆效应,这是企业产生经营风险的主要原因。但在实际操作中难以准确区分变动成本和固定成本,造成经营风险系数计算的困难。为了能够相对准确地计算企业的固定成本,李秉成和罗盈构建"规模产能固定成本费用",将企业在固定产能、组织机构以及存续期内,只要存在生产就必然会发生的成本近似替代为固定成本。本节参照这一分析方法,将武汉凡谷的固定成本主要划分为以下几大类:

①折旧与摊销。在生产经营过程中,固定资产、无形资产和商誉等非流动资产在一定的产销量范围内一般是保持稳定不变的。一般而言,固定资产、无形资产和商誉等非流动资产的入账金额保持不变,且在每年都按照确定的方法计提折旧和摊销。因此,在一定的产销量范围内,固定资产、无形资产和商誉等非流动资产产生的折旧和摊销属于固定成本。根据年报数据整理计算,武汉凡谷自上市后十年平均折旧、摊销合计为7471.10万元,虽然数值并不十分稳定,但依旧成为固定成本的重要组成部分。如表3-16所示。

表3-16　　武汉凡谷2007—2016年折旧与摊销[①]　　　　单位:万元

年份	2007	2008	2009	2010	2011
固定资产折旧	5119.20	7268.66	8915.75	7469.40	7839.88
无形资产、商誉摊销	185.10	225.32	244.02	256.26	258.63
其中计入管理费用	205.63	304.58	357.62	436.34	523.97
其中计入销售费用	0.00	0.00	11.59	7.88	7.03
合计	5304.30	7493.99	9159.77	7725.66	8098.51
年份	2012	2013	2014	2015	2016
固定资产折旧	7232.72	6018.51	4987.70	7591.81	9504.88
无形资产、商誉摊销	276.51	288.85	305.91	342.78	379.14
其中计入管理费用	522.39	588.03	612.53	623.91	762.40
其中计入销售费用	9.74	12.73	30.00	38.83	38.07
合计	7509.22	6307.36	5293.61	7934.59	9884.01

---

① 数据来源于武汉凡谷2007—2016年年报现金流量表补充资料中的资产减值准备明细表、管理费用明细表和销售费用明细表。

②工资成本费用。武汉凡谷所处行业为高新技术产业，知识密集和技术密集是这类企业的特点之一。技术研发人员是企业的生命线，随着企业规模的不断扩大，行业技术不断更新发展，员工薪酬呈现刚性增长趋势。对于公司而言，工资成本费用是固定成本重要组成部分，对应于武汉凡谷员工人数，该公司近几年固定工资成本费用不断攀升，2015年和2016年工资成本费用均高达6.5亿元。如表3-17所示。

表3-17　　　武汉凡谷2007—2016年工资成本费用①　　　单位：万元

年份	2007	2008	2009	2010	2011
工资成本费用②	13629.40	21088.16	22406.91	20612.12	27724.14
其中计入管理费用	824.65	1336.63	828.62	539.22	1837.93
其中计入销售费用	213.48	280.89	382.04	269.19	300.67
年份	2012	2013	2014	2015	2016
工资成本费用	29941.79	31083.30	46831.39	65295.69	65746.76
其中计入管理费用	2021.01	1867.70	2706.22	3732.23	3977.39
其中计入销售费用	375.12	413.66	513.60	571.38	763.38

单独分析武汉凡谷的员工人数和短期薪酬部分不难发现，相较于企业员工人数的变化幅度，短期薪酬部分的增幅更大，其增长速度是固定成本费用中最为明显的。从总额来看，短期薪酬数量从2007年的1.4亿元大幅增加到2016年的6亿元。即使在2016年企业明显裁员了近1000名员工，但人均短期薪酬仍旧高达8.66万元，工资成本费用居高不下。如表3-18所示。

表3-18　　　武汉凡谷2007—2016年短期薪酬③　　　单位：万元

年份	2007	2008	2009	2010	2011
员工人数（人）	2847	3948	4014	3901	3831
工资、奖金、津贴和补贴	9753.10	17289.67	17592.39	14564.92	19371.77
职工福利费	1669.80	1490.51	1353.41	1710.35	2817.03

---

① 数据来源于武汉凡谷2007—2016年年报中应付职工薪酬明细表、管理费用明细表和销售费用明细表。
② 此处工资成本费用取数来自于武汉凡谷2007—2016年年报应付职工薪酬明细表中应付职工薪酬本期增加额。
③ 数据来源于武汉凡谷2007—2016年年报中的应付职工薪酬明细表，其中短期薪酬取数来自于武汉凡谷2007—2016年年报中短期薪酬本期增加额。

续表

年份	2007	2008	2009	2010	2011
社会保险费	1338.00	1745.72	2881.88	3524.73	4603.70
住房公积金	584.60	327.44	349.02	582.92	632.43
工会经费和职工教育经费	283.80	234.82	230.20	9.36	35.68
总计	13629.30	21088.16	22406.91	20392.29	27460.62
人均短期薪酬	4.79	5.34	5.58	5.23	7.17

年份	2012	2013	2014	2015	2016
员工人数（人）	5186	5166	6178	8118	6865
工资、奖金、津贴和补贴	21530.78	24120.32	37571.51	51315.16	51756.70
职工福利费	2617.94	2479.19	2713.35	4236.81	3679.01
社会保险费	4640.11	3791.82	1702.54	2518.28	2753.60
住房公积金	779.54	476.90	624.22	900.42	1200.61
工会经费和职工教育经费	26.40	32.73	47.62	52.47	54.58
总计	29594.77	30900.96	42659.25	59023.13	59444.51
人均短期薪酬	5.71	5.98	6.91	7.27	8.66

③管理费用。只要企业组织和管理各类生产经营活动，就一定会发生管理费用，这些管理费用是企业的行政管理部门产生的费用，因此，也应当被视为固定成本。根据武汉凡谷年报数据计算，自2010年开始，武汉凡谷的管理费用每年都在8000万元以上，上市10年来平均能达到7250.81万元。如表3-19所示。

表3-19　武汉凡谷2007—2016年部分管理费用表① 单位：万元

年份	2007	2008	2009	2010	2011
咨询费	67.59	296.35	94.05	133.89	122.31
业务费	263.87	247.27	78.09	62.54	46.49
办公费	110.86	193.61	1623.64	1439.13	342.25
差旅费	62.05	97.38	47.52	46.61	134.05

① 数据来源于武汉凡谷2007—2016年年报中的管理费用明细表。

续表

年份	2007	2008	2009	2010	2011
开办费	88.44	50.78	—	—	—
税金	333.61	343.01	664.27	616.13	604.67
董事会费	—	—	15.00	18.00	18.00
水电费	—	—	22.78	41.37	30.23
研发费用	—	—	—	5957.82	8212.00
其他	356.39	414.09	150.15	93.14	67.66
合计	926.42	1228.41	2545.37	8315.50	9509.99
年份	2012	2013	2014	2015	2016
咨询费	168.78	163.41	417.01	453.59	214.45
业务费	22.85	34.30	40.67	46.34	26.99
办公费	408.01	314.46	456.35	551.67	510.37
差旅费	185.40	161.08	180.60	111.27	112.59
税金	637.95	686.94	715.63	788.62	271.49
董事会费	18.00	18.00	18.00	12.00	16.00
水电费	58.88	88.03	81.12	79.03	130.91
研发费用	6708.30	6751.86	7111.22	9193.42	10950.35
土地治理费	323.00	—	—	—	—
修理费	—	238.55	183.83	213.49	107.58
其他	248.47	138.92	93.70	146.03	147.13
合计	8531.16	8456.64	9204.42	11449.45	12340.72

④财务费用。企业需要经营存续不可避免会进行债务筹资，而筹集资金会产生筹资费用，财务费用因此而产生。大部分企业通过债券发行和银行借款筹集资金。一般而言，债券发行和银行借款所产生的债务具有强制性，到期必须还本付息。因此，带息负债所产生的财务费用也属于固定成本费用。武汉凡谷利息支出仅仅发生在2007—2010年及2016年，为了分析的完整性和准确性，在此本节罗列了武汉凡谷每年利息支出情况。如表3-20所示。

表 3-20　武汉凡谷 2007—2016 年财务费用表① 单位：万元

年份	2007	2008	2009	2010	2011
利息支出	583.02	627.50	126.99	1.73	—
财务费用净额	455.31	(261.38)	(1932.81)	(1348.44)	(880.40)
年份	2012	2013	2014	2015	2016
利息支出	—	—	—	—	185.91
财务费用净额	(2049.46)	(1745.50)	(1805.62)	(1496.10)	(1139.40)

⑤武汉凡谷经营风险分析。汇总折旧与摊销、工资成本费用、管理费用和财务费用得到固定成本费用总额。武汉凡谷自 2007 年开始每年固定成本费用都在不断攀升，最近 4 年的攀升幅度尤为惊人，到 2016 年已经高达近 8.7 亿元。如表 3-21 所示。

表 3-21　武汉凡谷 2007—2016 年固定成本费用 单位：万元

年份	2007	2008	2009	2010	2011
折旧与摊销	5304.30	7493.99	9159.77	7725.66	8098.51
工资成本费用	13629.40	21088.16	22406.91	20612.12	27724.14
管理费用（扣除折旧、摊销、工资）	1282.80	1642.50	2695.52	8408.64	9577.65
财务费用	455.31	(261.38)	(1932.81)	(1348.44)	(880.40)
合计	20671.81	29963.27	32329.38	35397.98	44519.89
年份	2012	2013	2014	2015	2016
折旧与摊销	7509.22	6307.36	5293.61	7934.59	7509.22
工资成本费用	29941.79	31083.30	46831.39	65295.69	65746.76
管理费用（扣除折旧、摊销、工资）	8779.63	8595.56	9298.12	11595.48	8779.63
财务费用	(2049.46)	(1745.50)	(1805.62)	(1496.10)	(2049.46)
合计	44181.19	44240.72	59617.51	83329.66	86979.22

---

① 数据来源于武汉凡谷 2007—2016 年年报中的财务费用明细表。

一个企业营业利润构成为：

营业利润＝营业收入－营业税金－营业成本－管理费用－销售费用－财务费用
　　　＝［营业收入－营业税金－变动营业成本－变动销售费用］－［折旧摊销＋工资成本费用＋管理费用（扣减计入管理费用中的折旧摊销和工资）＋财务费用］。

为了方便下文分析企业经营风险，本节将公式中的"［营业收入－营业税金－变动营业成本－变动销售费用］"定义为变动毛利，将"［折旧摊销＋工资成本费用＋管理费用（扣减计入管理费用中的折旧摊销和工资）＋财务费用］"定义为固定成本费用。若企业盈利，则需要营业利润＞0，那么需要变动毛利＞固定成本费用。若变动毛利无法弥补固定成本费用，企业一定是亏损的。通过计算可以得到2007—2011年武汉凡谷的变动毛利与固定费用之差为正，企业尚能盈利。从2012年开始，企业的变动毛利急剧下跌，虽然后来略有上升，但已经远远低于固定成本费用，想要弥补已无力回天，并且固定成本费用无法随变动毛利下降而降低，因此导致武汉凡谷业绩不断下滑，最终在2016年出现巨额亏损。如表3－22和表3－23所示。

表3－22　　　武汉凡谷2007—2016年变动毛利表　　　　　单位：万元

年份	2007	2008	2009	2010	2011
营业收入	103206.82	140940.82	135115.76	98976.42	100046.40
－营业税金	819.83	1163.97	1417.97	1284.57	923.79
－变动营业成本	68302.90	94483.78	80489.26	62446.94	71655.57
－变动销售费用	508.96	1037.34	838.76	1178.27	1962.91
变动毛利	33575.13	44255.73	52369.77	34066.65	25504.13
－固定成本费用	20671.81	29963.27	32329.38	35397.98	44519.89
变动毛利－固定成本费用	12903.31	14292.47	20040.39	(1331.34)	(19015.76)
年份	2012	2013	2014	2015	2016
营业收入	103933.55	112430.67	177235.99	177118.34	167535.83
－营业税金	1093.39	1149.58	1532.43	1109.52	1690.71
－变动营业成本	91371.67	98810.12	153022.45	158775.45	173452.12
－变动销售费用	2837.87	2722.00	4058.44	4249.72	2919.41
变动毛利	8630.62	9748.98	18622.67	12983.65	(10526.41)

续表

年份	2012	2013	2014	2015	2016
－固定成本费用	44181.19	44240.72	59617.51	83329.66	86979.22
变动毛利－固定成本费用	(35550.57)	(34491.74)	(40994.84)	(70346.01)	(97505.63)

表3-23　武汉凡谷2007—2016年利润分析　　　　　　单位：万元

年份	2007	2008	2009	2010	2011
变动毛利－固定成本费用	12903.31	14292.47	20040.39	(1331.34)	(19015.76)
营业利润	25779.90	34165.28	38858.40	24670.86	18233.73
净利润	22904.01	32909.20	34095.35	21341.08	16046.50
年份	2012	2013	2014	2015	2016
变动毛利－固定成本费用	(35550.57)	(34491.74)	(40994.84)	(70346.01)	(97505.63)
营业利润	3459.63	4837.50	16171.76	8621.73	(16758.43)
净利润	3928.39	4878.98	13663.48	7503.41	(16526.29)

结合变动毛利分析和利润分析可以看出，自2009年开始，武汉凡谷整体盈利水平呈现下降趋势，从2010年开始就出现了变动毛利＜固定成本的现象，净利润和变动毛利与固定成本费用之差的变动趋势大致相同，这两者是相对应的。如图3-7所示。

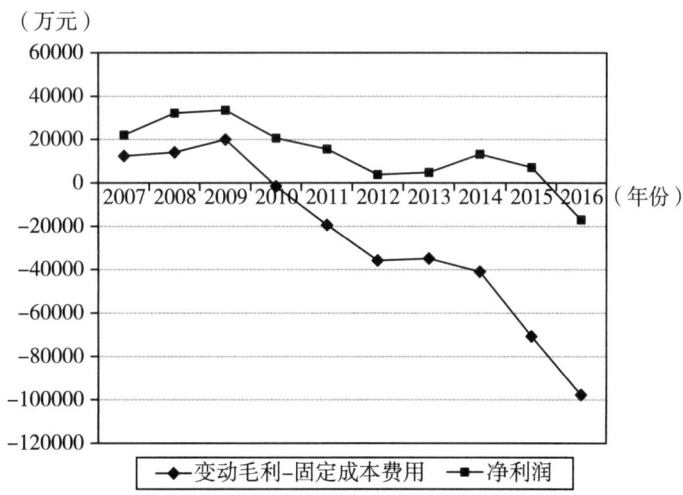

图3-7　武汉凡谷2007—2016年利润变化分析

由于企业存在大量固定成本费用，只要企业保持正常生产经营，这部分费用就必然会发生，且不会发生大的变动，这些特质导致武汉凡谷每年都必须形成和承担着大量的固定成本费用，经营风险加大。经营风险大的武汉凡谷是否盈利就取决于变动毛利部分的变化。变动毛利主要由销售价格和销售数量决定，造成武汉凡谷在2009年开始变动毛利下降，主要原因如下：首先，通信设备制造业的市场风险和压力不断向上游供应商转移，导致行业市场竞争日益加剧。由于行业技术发展较快，产品新旧交替间隔缩短导致产品价格持续下滑，且客户大幅增加急单频率和缩短交货周期，企业压力陡增。其次，公司产品的主要原材料铝、铜等的价格受市场需求及经济政策等影响而波动。如果前述原材料价格波动异常剧烈，可能对本公司变动毛利造成不利影响。

进一步分析武汉凡谷的经营杠杆，可以看出在2007—2009年，武汉凡谷的经营杠杆系数保持在2以下，从2010年开始系数大于2，出现一个快速上升的过程。2012年经营杠杆系数超过10，2014年略有下降，但2016年还是达到了与2012年差不多的峰值，经营风险很大。如表3-24所示。

表3-24　　　　　　武汉凡谷经营杠杆系数变动表

年度	2007	2008	2009	2010	2011	2012	2013	2014	2015	2016
经营杠杆	1.76	1.83	1.81	2.38	3.35	10.71	8.46	4.64	10.11	-4.78

(4) 武汉凡谷财务战略三维矩阵模型

为了直观形象地展现出武汉凡谷十年来的变化，首先使用财务战略二维矩阵模型进行构建，如图3-8所示。

X坐标轴（横坐标轴）表示实际增长率与可持续增长率之差，用于衡量企业现金余缺状态。Y坐标轴（竖坐标轴）表示EVA值，用于衡量企业是否实现价值创造。从图3-8中不难看出，2007—2011年以及2014年企业的EVA值均处于X坐标轴上方，也就表明在这些年份企业均处于价值增值状态，同理可得，企业在剩余年份处于价值减损状态。从Y坐标轴将图分为左右两部分观察企业的现金余缺状态可以发现，2007年、2009—2011年和2013年这5年企业的实际增长率与可持续增长率之差数值位于Y坐标轴的左边，表明企业在这5年处于现金剩余状态，同理可得，剩下的5年企业处于现金短缺状态。

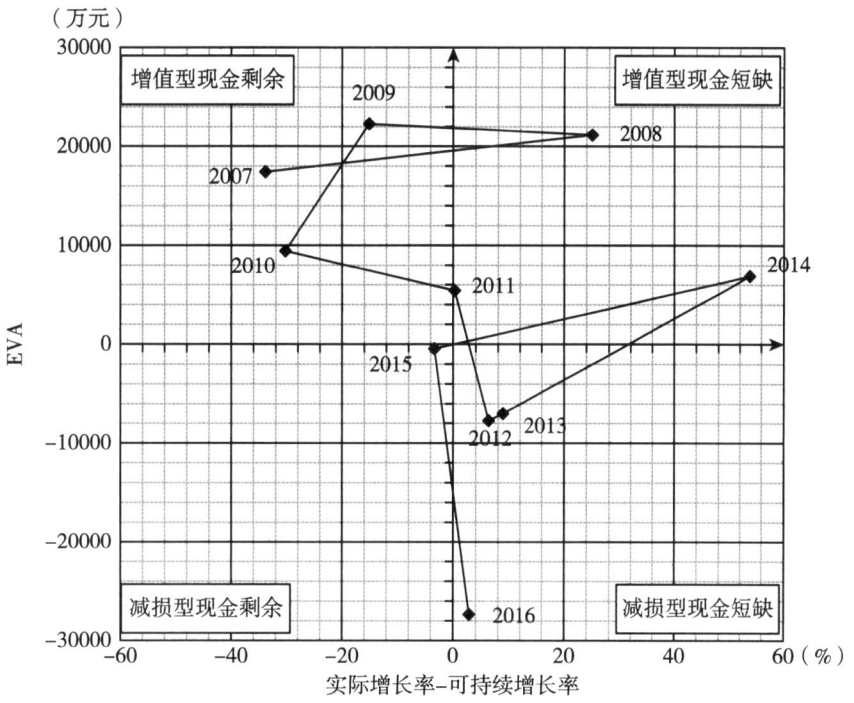

图 3-8　武汉凡谷财务战略二维矩阵模型图[①]

综合来看，在 2007—2011 年，即上市之初的 5 年，武汉凡谷基本上处于第二象限——增值型现金剩余，处于这一象限的企业能够为股东创造价值，其自身经营所产生的现金流也能够支持企业实际销售的增长。而 2012 年开始，武汉凡谷似乎进入了一个"无序"和"混乱"的状态。2012 年、2013 年和 2016 年均处于第四象限，即减损型现金短缺。2014 年属于增值型现金短缺，2015 年属于减损型现金剩余。总体来说，企业在近五年基本上很难为股东创造价值，增长乏力，且企业的自身经营所产生的现金流量也无法支撑其实际的增长状态。

在财务战略二维矩阵分析的基础上，加入经营风险维度进行分析后发现问题更加严重，如图 3-9 所示。图 3-9 中的 Z 坐标轴（即垂直于水平面的坐标轴）为企业的经营杠杆数值，用于衡量企业的经营风险。从图中可以直观发现，2007—2011 年企业的经营杠杆数值十分贴近 XY 坐标轴构成的水平面，经营风险低，2007—2010 年企业的变动毛利尚能弥补固定成本费用。然而 2011 年开始，企业的经营杠杆系数不断上升，从图中也可以看到一个大幅度的上升状态，企业的经营风险处于高值，变动毛利已无法弥补固定成本费用。综合考虑三个

---

① 使用 Excel 软件中的图表工具"XY 散点图"进行制图。

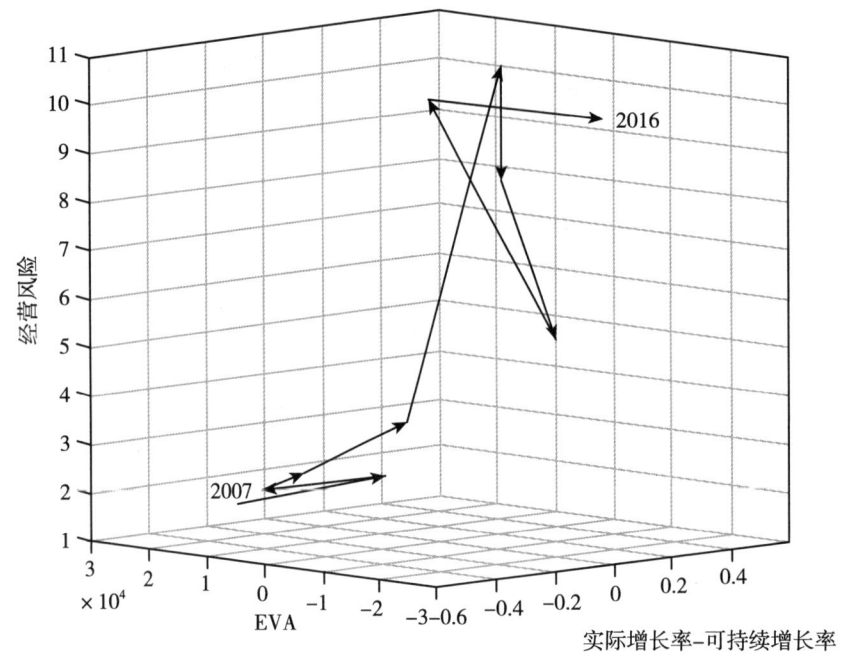

图 3-9 武汉凡谷财务战略三维矩阵模型图[①]

维度,武汉凡谷在 2007—2011 年基本属于经营风险低增值型现金剩余,2012—2016 年基本上属于经营风险高减损型现金短缺,造成企业状态变化的转折点正是在 2011—2012 年。

3.4.3 武汉凡谷财务战略现状

(1) 投资战略现状

①固定资产更新换代滞后,经营条件差。从表 3-25 中可以看到,武汉凡谷的非流动资产占较低,2007—2011 年占比逐步上升,2011 年后能够平稳地保持在 38% 左右;长期股权投资占非流动资产比例自 2007 年开始显著上升,2013 年后略有下降,但是依旧保持在了 65% 以上的高水平,说明企业比较注重对子公司、联营企业和合营企业的投资。相反,企业对固定资产和无形资产的投资则呈现下降趋势。固定资产占非流动资产比例自 2007 年开始显著下降,2013 年后又略有上升,这和长期股权投资形成鲜明对比。无形资产的投资比例不断下降,

---

① 使用 Matlab 软件中的 3D Plot 模块进行制图,箭头指引方向为时间顺序。

近年来仅仅保持在8%左右。结合武汉凡谷财务战略三维矩阵模型来看，企业在2011年以前基本属于经营风险低且增值型现金剩余状态，因此，可以采用的财务战略优化方法有加速增长，但实际上，企业在这期间主要进行对子公司、联营企业和合营企业的投资，并没有重视对固定资产、无形资产和其他业务的投资。

表3-25　　　　　　　　武汉凡谷非流动资产结构分析①

年份	2007	2008	2009	2010	2011	2012	2013	2014	2015	2016
非流动资产占比	19.92%	34.25%	35.87%	33.02%	38.15%	38.41%	38.84%	36.35%	38.61%	37.90%
长期股权投资占非流动资产	16.80%	44.69%	52.08%	55.69%	66.24%	71.54%	73.84%	71.27%	65.79%	65.44%
固定资产占非流动资产	56.29%	30.77%	34.58%	30.17%	21.54%	16.40%	13.12%	15.64%	17.66%	19.41%
无形资产占非流动资产	22.01%	11.76%	10.86%	11.32%	9.70%	9.44%	8.92%	8.22%	8.07%	7.50%

如图3-10所示，从非流动资产结构分析来看，2013年是一个明显分水岭，在这之前，企业不断提高长期股权投资比例，固定资产比例却不断下降。在

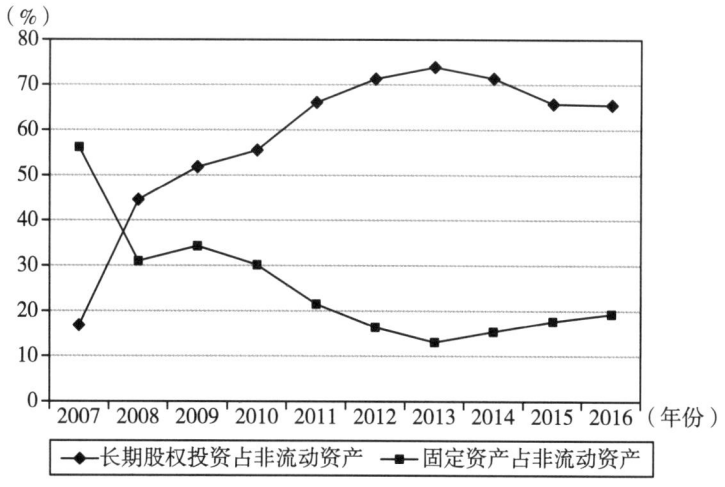

图3-10　武汉凡谷长期股权投资和固定资产比例变化情况图

---

① 数据来源于武汉凡谷2007—2016年年报中的母公司资产负债表。

2013年后，企业开始提高固定资产投资比例、降低长期股权投资比例，这表明企业开始重新注重对内投资，企业的固定资产呈现增长趋势。年报显示，从2013年开始企业在购买固定资产等方面的现金支出增加，各种自动化设备陆续投入使用，企业生产线自动化水平逐步提升。换言之，企业在已经进入经营风险大且减损型现金短缺状态后才意识到要加大对固定资产的投入，但此时企业的盈利能力已经大不如前，且固定资产所需资金巨大，回收期长，此时才开始注重对内投资恐怕已是"追悔莫及"。

如表3－26所示，结合武汉凡谷及主要竞争对手机器设备净值率的比较来看，2009年开始武汉凡谷机器设备净值率不断下降，2013年仅为11%，令人瞠目结舌。在2013年企业加大对固定资产的投资后，机器设备净值率才有所上升，但与竞争对手50%以上的净值率相比，差距依旧很大。因此，从投资战略来看，武汉凡谷在生产经营中所采用的实际战略与最优战略存在较大差异，企业的机器设备在企业资金充足时未得到及时更新换代，而在企业资金匮乏时却亟待投资。目前来看，这样的后果使得企业的经营条件相对较差，可持续发展能力较弱，基本依靠旧设备维持着经营，对于企业是否已经做好应对5G时代发展的准备工作要打一个很大的问号。

表3－26　　武汉凡谷及主要竞争对手机器设备净值率[①]

公司	2009年	2010年	2011年	2012年	2013年	2014年	2015年	2016年
武汉凡谷	39.89%	28.38%	19.69%	16.25%	11.02%	27.62%	35.70%	28.66%
大富科技	69.22%	66.94%	69.59%	57.00%	58.40%	63.21%	58.67%	54.71%
春兴精工	—	—	84.43%	79.43%	71.45%	71.00%	72.01%	71.08%
山东精密	74.22%	72.27%	79.75%	79.89%	75.48%	66.50%	66.01%	46.31%

②投资项目效益不稳定，计划与实际出入较大。如表3－27所示，通过对企业各类投资项目进行分析可以发现，企业不少投资项目均存在着投资效益不稳定、投资回收期长、计划与实际出入较大等问题。

---

① 数据来源于武汉凡谷、大富科技、春兴精工和山东精密4家企业2009—2016年年报中固定资产情况表。

表 3-27　　　　　　　　武汉凡谷投资项目进度表①

项目名称	截止日期	计划投资（万元）	已投入募集资金（万元）	建设期（年）	收益率（税后）	投资回收期（年）
研发中心扩建项目	2014-08-22	10995.66	7025.53	2.00	—	—
数字移动通信隔离器模块产业化项目	2015-04-10	11344.00	4365.56	2.00	32.11%	4.75
数字移动通信天馈系统一体化加工建设项目	2016-03-31	43755.52	32340.21	3.00	20.18%	6.50
数字移动通信天馈系统电子生产扩建项目	2016-03-31	25265.35	25328.08	2.00	37.03%	5.08
数字移动通信天馈系统一体化加工扩建二期项目	2016-11-30	42064.00	—	1.50	11.93%	7.54
新型介质开发及一体化加工扩建项目	2016-11-30	7422.94	—	1.50	—	—
自动化工程建设项目	2016-11-30	5724.39	—	2.00	—	—
数字移动通信天馈系统电子生产扩建二期项目	2017-08-12	19972.96	3813.41	1.50	38.57%	4.37

从投资项目来看，数字移动通信天馈一体化加工扩建项目和数字移动通信隔离器模块产业化项目均在2008年度受到全球金融危机影响，市场需求低迷和产品结构变化使得企业推迟项目的完工时间。2011年，企业提出"受经济环境和市场需求以及客户产品结构变化的影响，隔离器市场需求持续低迷，在可预见的短期内需求不会明显改观"，因此，暂停数字移动通信隔离器模块产业化项目的实施。2014年企业又再次说明"由于该项目的市场环境已经发生了较大变化，继续投资已经很难取得预期的投资回报，存在较大的风险"，决定终止实施

---

① 数据来源于武汉凡谷2007—2016年年报中在建工程情况表和重大在建工程项目变动情况表。

该项目。从实施效果来看，该项目仅仅完成了计划的 38.48%。同样地，数字移动通信天馈系统一体化加工扩建项目于 2008 年开始部分投产，2012 年正式投产，但是由于"近年来受宏观经济低迷及行业不景气等因素影响，母公司盈利能力大幅下滑"，导致该项目未达到预期回报。在 2013 年达到了预定可使用状态的数字移动通信天馈系统电子生产扩建项目也未能达到预期回报，武汉凡谷对此给出的解释是"由于近年来激烈的市场竞争导致公司产品售价下降"。由此可以看出，企业的三大投资项目均未能够达到预计收益，企业没有把握时机进行投资扩张，不仅导致现有投资项目收效平平也致使后续投资项目无法跟进。本该在增值型现金剩余状态下完成的加速增长无法实现，为企业后期增长"心有余而力不足"埋下了隐患。

同时，研发中心扩建项目虽不能直接为企业创造经济效益，但基于长远考虑，研发中心能够帮助企业进行长远发展。在招股说明书中，武汉凡谷表示扩建研发中心的目的在于提升公司的研发能力和市场反应速度。但是由于企业调整了整体计划，因此，在 2011 年延迟了研发中心的兴建及相关实验设备的购置。2012 年 4 月 6 日股东大会决定不再修建研发中心，该项目也难逃终止的厄运。

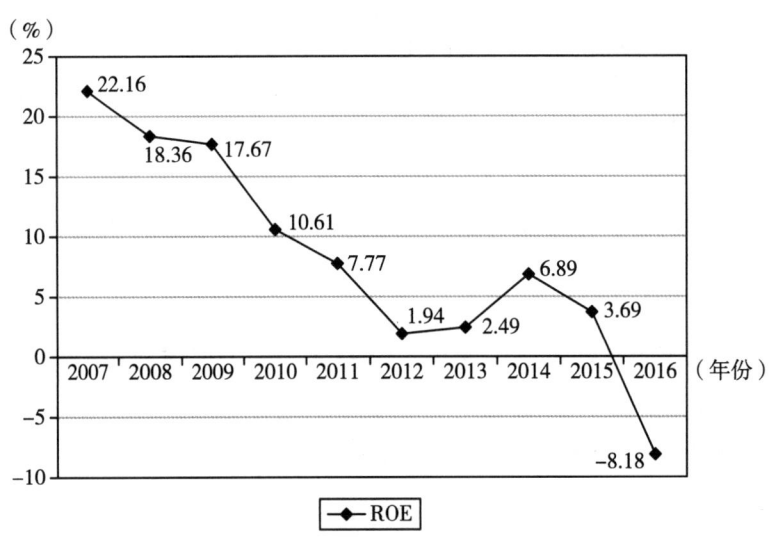

图 3-11 武汉凡谷净资产收益率变化图

如图 3-11 所示，在 2007 年发布的招股说明书中，武汉凡谷曾经预测将募集资金项目全部投产后，以预计项目利润和现有业务盈利水平测算，企业净资产收益率将保持在 20% 以上。然而，从上市后的净资产收益率来看，武汉凡谷的净资产收益率大幅度下滑。从 2008 年开始就跌下了 20%，2011 年以后均位于 10% 以下，实际效果与预计相差甚远。武汉凡谷在 2016 年完成了非公开发行，目前，募集资金已到位且陆续投入使用，如果资金使用效率不高，不仅募投项目无法达到预期收益，也会给企业的净资产收益率带来负面影响，"雪中送炭"难保不会变成"火上浇油"。

从财务战略三维矩阵的走向来看，武汉凡谷从刚开始的增值型现金剩余逐步走向减损型现金余缺，经营风险也在不断增大。这主要是因为武汉凡谷几大投资项目均没有达到预期效果，不仅出现了推迟，甚至出现了暂停和终止的现象，实际投入量比计划缩减比例过大、投资收益率也并不高，这都使得企业创造价值乏力。后期从企业结余投资项目剩余募集资金（含利息收入）用来永久补充流动资金的举动来看，企业的现金余缺状况也并不稳定。从上文的分析来看，虽然武汉凡谷大力进行项目投资和基础设施生产建设，但是效果差强人意，主要原因：一是对市场需求和行业发展路径的判断不足，许多项目一再推迟并最终直接导致项目的终止。二是项目的投入步伐过快导致配套的管理流程无法跟上，每个项目都需要循序渐进才能够实现提高管理效率的作用。但武汉凡谷迟缓的配套调整工作导致了后续项目实施的一再延迟，以至于信息的分析、集成和融合工作无法完成。三是在行业信息技术高速发展的背景下，企业过于谨慎地对待软件和设备的更新换代，没有很强的应变能力。在建设期没有适时调整既定的技术标准导致项目滞后。因此，对于投资项目的把控能力不强，甚至在后期进行了大幅度的调整。

武汉凡谷在 2016 年完成了非公开发行，目前，募集资金已到位且陆续投入使用，倘若资金使用效率不高，不仅募投项目无法达到预期收益，还会给企业的净资产收益率带来负面影响，因此，投资方向和投资项目的选择和规划在此时变得至关重要。

（2）融资战略现状

从表 3-28 和表 3-29 中可以看出，武汉凡谷的融资主要依赖于权益融资中的股权融资。其次是内部融资和债务融资，债务融资基本上均为流动负债。股权融资具有长期性、不可逆性和无负担性等特点，企业通过公开上市或是增发募集的资金无到期日而且无须还本，没有固定的股利负担，财务风险较小。武汉凡谷的资产负债率非常低，企业总体财务风险小。其次，武汉凡谷并没有过多地进行银行借款或者发行债券。在负债结构中，武汉凡谷的流动负债占比很高，基本上都是无息负债，其中应付账款、应付票据和其他应付款占比最大。总体来说，企业采取了非常谨慎的融资方式，表现得十分稳健，财务风险较低，但是这样的融资结构有可能会影响企业的整体价值。

表3-28　　　　武汉凡谷负债和权益占比分析①

		2007年	2008年	2009年	2010年	2011年
负债比		18.63%	16.20%	15.72%	12.87%	10.16%
	流动负债占比	83.74%	98.15%	98.76%	97.87%	97.71%
	非流动负债占比	16.26%	1.85%	1.24%	2.13%	2.29%
权益比		81.37%	83.80%	84.28%	87.13%	89.84%
	内部融资比占比	26.11%	33.95%	36.43%	38.48%	39.12%
	股权融资比占比	73.89%	66.05%	63.57%	61.52%	60.88%
		2011年	2012年	2013年	2014年	2015年
负债比		10.99%	15.54%	20.71%	18.18%	21.68%
	流动负债占比	98.48%	99.00%	98.65%	98.54%	96.80%
	非流动负债占比	1.52%	1.00%	1.35%	1.46%	3.20%
权益比		89.01%	84.46%	79.29%	81.82%	78.32%
	内部融资比占比	36.05%	34.91%	37.52%	38.11%	30.42%
	股权融资比占比	63.95%	65.09%	62.48%	61.89%	69.58%

企业的融资一般是指为企业的投资活动筹集资金，不同的资本来源会产生不同的资本成本，这是企业需要付出的代价。企业的融资战略需要根据企业的投资所需资金和自身资金情况做评估，然后权衡资本成本和风险，选择合理的融资方式。通过上文分析，可以看出武汉凡谷主要依靠股权融资，投资项目的资金主要来源于2007年首次公开发行募集资金和2016年增发募集的资金，基本上没有采用银行借款或者发行债券进行债务融资，这说明企业融资战略较为保守。

---

① 数据来源于武汉凡谷2007—2016年年报中的合并资产负债表。

表 3-29　武汉凡谷外部股权融资和外部债务融资明细表[①]

	融资时间	实际发行数量（万股）	实际募集净额（万元）	发行价格（元/股）	发行方式
外部股权融资	2007-12-07	5380.00	108595.00	21.10	首次公开发行
	2016-09-28	878.97	12579.89	14.79	非公开发行股票
	借款时间	借款数额（万元）	借款性质	借款期限	借款类别
外部债务融资	2007 年	5900.00	长期借款	2008 年偿还	抵押、保证借款
	2008 年	5000.00	短期借款	2009 年偿还	人民币保证借款
	2016 年	7000.00	短期借款	2016 年偿还	—

(3) 营运资本管理战略现状

①库存管理风险大，资金被大量占用。表 3-30 反映了企业近十年的流动资产结构，从表中可以看出，企业的流动资产高达 75% 左右，是一个较高的投资水平。而其中主要项目中，货币资金占比逐步下降，在 2016 年有一个显著的反向上升。主要原因一是主要客户华为提前回款；二是在材料、固定资产采购方面的支出大幅减少；三是 2016 年进行非公开发行股票项目募集资金款项。应收账款和应收票据占比较为平衡，同样是在 2016 年有一个显著的下降趋势，主要原因在于企业主要客户华为提前回款导致应收账款大幅冲回。

表 3-30　武汉凡谷 2007—2016 年流动资产结构表[②]

	2007 年	2008 年	2009 年	2010 年	2011 年
流动资产占总资产比	82.58%	76.84%	77.40%	78.69%	78.65%
货币资金占流动资产比	71.64%	52.27%	73.54%	64.65%	62.87%
应收账款/票据占流动资产比	17.18%	36.29%	17.98%	28.05%	19.93%
存货占流动资产比	8.74%	7.11%	5.85%	5.07%	14.40%
	2012 年	2013 年	2014 年	2015 年	2016 年
流动资产占总资产比	78.00%	80.51%	78.87%	71.94%	72.89%
货币资金占流动资产比	54.48%	58.87%	35.87%	24.71%	46.99%
应收账款/票据占流动资产比	30.84%	24.00%	35.19%	35.89%	16.24%
存货占流动资产比	13.62%	15.53%	25.67%	35.24%	31.50%

---

① 数据来源于武汉凡谷 2007 年《首次公开发行股票招股说明书》、2007—2016 年年报中短期借款明细表和长期借款明细表，以及 2016 年 9 月《武汉凡谷电子技术股份有限公司新增股份变动报告及上市公告书》。
② 数据来源于武汉凡谷 2007—2016 年年报中的合并资产负债表。

与前面两项不同，存货占比则有一个长期的明显的上升趋势，从2010年开始企业的存货占比就从5.07%不断攀升到2015年的35.24%。虽然2016年略有下降，但是总体说明企业在存货管理上出现了较大问题。随着企业规模的不断扩大，为满足生产和销售需求所储备存货也会相应地增加，但是库存管理风险也是企业不可忽视的。如表3-31所示。

表3-31　　　　　　　　　武汉凡谷存货管理分析表[①]

年份	2007	2008	2009	2010	2011	2012	2013	2014	2015	2016
存货周转率	4.83	8.11	8.74	6.57	2.56	3.57	3.20	2.75	2.30	2.72
存货周转天数	74.61	44.41	41.20	54.78	140.90	100.72	112.37	130.85	156.48	132.23

从表3-31中可以看到，结合存货周转率和存货周转天数进行分析可以发现，企业的存货营运能力确实在不断下降。企业的库存管理风险主要来自于下游客户的压力，武汉凡谷的客户集中度极高，存货管理受制于大客户。由于武汉凡谷所生产的产品为小批量多批次、客户化和个性定制产品，企业接收客户订单后首先需要组织人力进行审核，紧接着在既定的标准货期内按照客户需求安排生产，此时如果客户提货推迟，就会造成库存积压。并且企业所处的行业技术更新速度快，所生产的产品在短时间内就可能无法满足客户的需求，这也放大了企业的库存管理风险，企业不得不重视这一问题。结合上文的分析可以发现武汉凡谷在存货管理方面存在较大问题，存货占比不断上升，造成资金的积压，同时货币资金占比不断下降，资金短缺逐步显现。

②往来账项数额较大、经营活动现金流不稳定。从表3-32中可以看到，企业的负债中流动负债占比巨大，基本上达到98%左右。应付账款和应付票据占据了流动负债的主要，且有波动上升的趋势，这意味着企业占据了大量下游资金，较短期借款而言具有无利息、低风险的优势，有助于降低财务风险，但是目前企业缺乏核心竞争力，行业壁垒和技术壁垒也都未巩固，企业的供应商可能具有较大议价能力。应付账款和应付票据的占比太高，一旦企业经营不善，短期偿债压力将会变大。除此之外，原材料价格受市场需求及经济政策等影响而波动也是企业不能忽视的问题，因此，做好应付账款的管理至关重要，需要

---

① 数据来源于武汉凡谷2007—2016年年报中的合并资产负债表和合并利润表。

保持与上下游间良好的合作关系和维持良好的企业信用。

表 3-32　　武汉凡谷 2007—2016 年流动负债结构表①

年份	2007	2008	2009	2010	2011
流动负债占总负债比	83.74%	98.15%	98.76%	97.87%	97.71%
应付账款/票据占流动负债比	68.17%	60.63%	68.31%	66.21%	71.90%
其他应付款占流动负债比	4.60%	3.27%	4.95%	5.74%	5.76%
年份	2012	2013	2014	2015	2016
流动负债占总负债比	98.48%	99.00%	98.65%	98.54%	96.80%
应付账款/票据占流动负债比	78.10%	77.27%	83.92%	75.46%	78.30%
其他应付款占流动负债比	7.36%	5.21%	2.34%	6.45%	5.78%

武汉凡谷的经营活动现金流量净额在近十年表现出很大的波动性，经营状况起伏不定，而且在 2012 年、2014 年和 2015 年均出现负值。在企业库存积压、现金不足、往来账项数额较大、经营活动现金流大幅波动不稳定等多重风险下，企业的营运资本管理面临着巨大挑战。如图 3-12 所示。

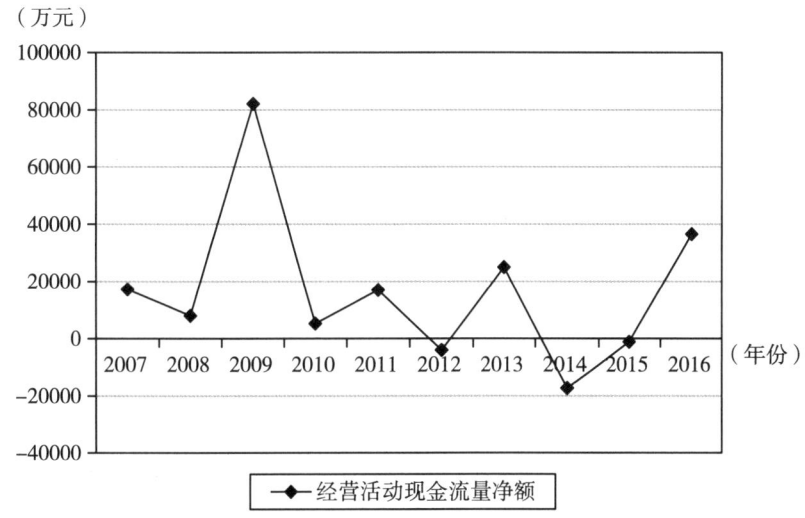

图 3-12　武汉凡谷经营活动现金流量净额变化

③财务核算系统混乱，风险较大。武汉凡谷自 2016 年年报公布后就陷入

---

① 数据来源于武汉凡谷 2007—2016 年年报中的合并资产负债表。

"信批违规"风波,其中关键原因在于其财务核算 ERP 系统出现问题。公司于 2017 年 2 月 24 日在《2016 年度业绩快报》中披露了 2016 年公司实现营业总收入为 167535.83 万元;营业利润为 -3619.59 万元;归属于上市公司股东的净利润为 -3603.28 万元。然而在年报中进行了业绩更正,披露 2016 年公司实现营业总收入为 167535.83 万元;营业利润为 -16758.43 万元;归属于上市公司股东的净利润为 -16526.29 万元,营业利润相差近 1.3 亿元。

在 2016 年年报中,武汉凡谷对此的解释可归纳为以下几点:首先,财务核算系统老旧,因为历史原因缺少成本核算模块加之本身存在漏洞造成核算偏差;其次,成本核算主要通过人工进行。换言之,每月财务人员都需要从 ERP 系统中导出基础数据后再进行人工运算。对于上市企业而言,每月的成本数据处理量多,极容易造成核算错误,财务核算风险再次被放大。再次,财务工作交接混乱,财务人员培训不到位。2016 年 4 月武汉凡谷对在岗的财务人员岗位进行调整,然而由于新老交接不全面,新上岗的财务人员对数据处理环节并不熟练,造成成本出现大额少记情况。最后,必要的内部控制无法进行,没有进行全面盘查,导致本该发现的会计差错直至年报审计时才被发现,造成利润的巨额调整。

武汉凡谷所处的行业为通信设备制造业,属于高新技术产业,但财务核算采用的流程和系统却与公司所处行业极不相符。目前公司采用的财务核算可以用"老旧系统录入"加"人工手动核算"来概括,ERP 系统仅仅能录入基础数据,最为关键的核算部分则是采用人工进行,财务制度不完善,财务人员交接不规范、不全面,核算后期企业也无法进行盘查核实,种种疏漏最终导致了企业危机。加之企业本身就存在着存货管理风险,ERP 系统和财务制度的不完善更是对风险产生了放大效应。

(4) 利润分配战略现状

从表 3-33 中大致可以看出,武汉凡谷的利润分配是较为激进的,2008—2015 年均有分红,2008 年开始现金股利占比不断提高,特别是在 2012 年和 2013 年分红总额甚至超过了当年净利润总额。2015 年开始,企业利润再度被压缩,现金股利分配也就随之大幅缩减,仅为当年的 7.41%,2016 年巨亏后就不再进行分红。

第3章 武汉凡谷财务战略三维矩阵分析与优化

表 3-33　　武汉凡谷现金股利支付分析表①　　　　单位：万元

年份	2007	2008	2009	2010	2011
现金股利支付	—	12828.00	12828.00	13897.00	13897.00
现金股利支付占净利润比	—	38.98%	37.62%	65.12%	86.60%
年份	2012	2013	2014	2015	2016
现金股利支付	8338.20	5558.80	5558.80	555.88	—
现金股利支付占净利润比	212.25%	113.93%	40.68%	7.41%	—

对比武汉凡谷及主要竞争对手现金股利支付占净利润比的情况可以发现，这种"超能力"分红现象在行业内并不常见。武汉凡谷和大富科技都属于比较"慷慨"的企业，两者的 EVA 表现也最为相似。春兴精工和山东精密的股利分配政策则较为保守。如表 3-34 所示。

表 3-34　　武汉凡谷及主要竞争对手现金股利占净利润比率分析表②

年份	2010	2011	2012	2013	2014	2015	2016
武汉凡谷	65.12%	86.60%	212.25%	113.93%	40.68%	7.41%	0.00%
大富科技	78.47%	51.00%	0.00%	0.00%	58.58%	133.45%	101.35%
春兴精工	—	0.00%	-31.84%	0.00%	16.03%	11.05%	33.06%
山东精密	35.27%	38.75%	0.00%	31.52%	0.00%	21.49%	0.00%

结合企业财务三维矩阵模型来看，2008—2011 年分红均超过了 1 亿元，这几年企业利润充足，表现为增值型现金剩余，因此，为稳固股东信心，在利润的分配上也较为"慷慨"。而 2012—2013 年企业的盈利能力不断下降，利润不断缩减，分红金额当然是下降的，但是分红却超过了当年净利润的总额。尤其在 2012 年，现金分红金额是当年净利润的两倍。这难免让人觉得企业采用"超能力"分红来"强装镇定"，目的是为了稳固股东信心。对于发展好或者前景光明的企业来说，利润分配的多其实并无坏处。但是，在武汉凡谷前景尚未可知的情况下，这样的利润分配战略无疑是十分激进的。特别是结合企业财务战略三维矩阵分析，2012 年企业跨入了经营风险高、减损型现金短缺的状态，这样大额的分红一定会对未来企业发展造成一定的影响。

---

① 数据来源于武汉凡谷 2007—2016 年年报中的资产负债表日后利润分配情况说明。
② 数据来源于武汉凡谷、大富科技、春兴精工和山东精密 4 家企业 2010—2016 年年报中的资产负债表日后利润分配情况说明和合并利润表。

3.5　武汉凡谷财务战略优化

3.5.1　武汉凡谷财务战略总体优化

从 2012 年开始武汉凡谷基本处于经营风险高且减损型现金短缺的状态,这段时间企业业务既不能带来价值增值,也不能提供充足的资金维持自身的发展,并且变动毛利无法弥补成倍增加的固定成本费用。企业目前采取了十分保守的财务战略,其典型特征是在融资上主要依赖于经营性负债和内部融资,依靠自身经营能力筹集资金,在投资上对外投资较少,业务结构单一,对内投资中固定资产更新换代滞后,影响企业长远发展。同时,营运资本管理存在诸多问题,利润分配政策较为激进,相较其他竞争对手,显得投资不足、现金短缺。

根据前文对武汉凡谷财务战略三维矩阵和现行财务战略的分析,可知企业的财务战略优化重心在于投资战略,配合投资战略的改变,融资战略、营运资本管理战略和利润分配战略才能随之变化,与之相辅相成。

3.5.2　武汉凡谷财务战略具体优化

(1) 抓住契机及时更新生产设备

武汉凡谷自上市以来经历 3G 到 4G 的产业升级,2007—2011 年企业收益良好,现金充足,企业在这个阶段主要选择注重对子公司、联营企业和合营企业的投资,没有抓住时机对相关生产设备进行更新换代,导致近些年生产设备净值率极低。2012 年后,武汉凡谷开始增加对自动化设备等固定资产的投入,但当时企业已经属于减损型现金短缺状态,对固定资产的投入不足,使得现阶段企业相较于同行业其他竞争对手而言,生产设备依旧老旧,生产效率低下,与企业所处行业发展趋势严重不符,更难以应对即将到来的新一轮产业升级。

如果把企业比作一个军队,排除人的因素后,打胜仗最重要的就是武器装备。同理，倘若企业的生产设备没有及时跟上行业发展，用"枪杆子"对抗"坚船利炮"，终将是场败仗。2016年后，5G尚未产业化且4G投资放缓的行业情况造成企业面临十分严峻的经营环境。因此，当下企业面临如此窘迫的局面，不能够再故步自封满足于原有的生产设备，应该抓住行业周期性发展契机，及时进行生产设备的更新换代，加大对相关生产性固定资产的投入，改善生产设备，提高专业化制造水平，挖掘潜在生产力，提高生产效率。这一点对整个通信设备制造业也同样适用，在创造价值且现金充裕的时期，企业要高瞻远瞩，抓住发展契机，及时跟紧行业发展的步伐，将主动权掌握在自己的手中，不能够重蹈武汉凡谷的覆辙。

（2）沿产业链进行相关产业投资

从2007年上市后，武汉凡谷就将自身的发展重点放在数字移动通信模块领域，在数字移动通信天馈系统上的研发投入较多，投资战略表现略显单一。目前，武汉凡谷正在加紧推进数字移动通信天馈系统二期项目，但是由于一期项目的效果并不理想，尚未形成自身竞争优势，不仅在国内无法形成自身的技术壁垒，更很难在国际上与各大生产商进行正面交锋。在国内，生产同质产品的主要有大富科技、春兴精工和东山精密这三家上市公司。虽然行业特点使客户关系壁垒显著，对其他竞争对手而言具有排他性，然而这也造成了同为主设备商的供应商竞争压力陡增。武汉凡谷与大富科技和春兴精工同为华为供应商，这就造成三者的产品竞争更加激烈，目前要想能够保持稳定的份额还是要依靠研发效率和成本优势。

对通信设备制造业而言，创新是企业的生命源泉，而企业规模的扩大和产业链的延伸能够有效促进企业创新。目前，大富科技和春兴精工不断扩大企业规模，两者均已经布局多个5G关键技术领域来应对5G时代各种频段、制式的网络建设。其中，大富科技已经成为全球最大的射频滤波器供应商，产能位居世界第一。除此之外，不仅仅在移动通信领域，大富科技已经通过投资并购，积极布局上下游产业，在智能终端、汽车等业务领域均有建树。春兴精工虽然起步晚于武汉凡谷，但其目前规模已经超过武汉凡谷，业绩也始终高于同行业平均水平，目前公司也在逐步布局消费电子和汽车领域。相较于以上两家企业，武汉凡谷在业务发展方面就略显单薄，企业除了目前最首要的5G产业布局以外，还应该积极整合行业优势资源，布局上下游产业，尝试进行优质的供应链的并购来满足企业未来发展的资金需求。战略性地大力发展相关业务，不仅能够分散企业单一业务对业绩波动带来的巨大风险,还能使得公司的主营业务的行业分布更加均衡和差异化。因此,对于投资战略对策建议,主要要从两个方面入手。

一方面,对于原有通信设备制造产业,企业可加大科研投资力度,与国内外领先企业合作,整合技术资源或并购整合射频器件行业的上游行业,从而在产品生产研发效率和成本上满足下游客户的需求,稳定主营业务份额和现金流。企业之前对于投资项目的控制能力薄弱导致多个项目延期或者中止,项目收益也未达到预期,因此,要做好投资项目的事前规划、事中控制和反馈。对于原有主营业务首要目标是止损,然后才是形成技术壁垒增强优势。另一方面,企业客户集中度高,表明企业作为优势供应商的同时也暴露了业务单一的短板。只有通信设备制造这一个发展平台,没法进一步分摊成本,缺乏协同效应,受产业波动影响较大,且在国际上局面也不乐观,主要是企业并没有领先于国际的核心优势,成本优势也只有中国本土消化,因此,建议企业沿产业链细分市场,进行相关产业投资,全面布局,合理筹谋,分散风险,发展新的利润增长点。目前,武汉凡谷也提出要构建"可持续的产业链商业生态系统",虽然在企业巨亏的局面下,这样的做法会使资金、技术的投入变得更大,但以公司目前的状况来看,公司已经变得无路可退,这或许是一个起死回生的好方法。

(3) 调整资本结构并扩大融资渠道

从上市后的十年来看,武汉凡谷之前的融资战略较为保守,主要以内部融资为主,权益融资较少,金融债务融资几乎没有,这是非常稳健的融资策略。然而随着投资战略的转变,企业的资金需求量扩大,当自有资金不足时,根据融资优序理论,此时融资渠道一般是先债务融资,再权益融资,这有助于降低资本成本、发挥资本的最大效益。由于企业现在的经营业绩惨淡,直接进行债务融资较为困难,企业可以选择供应链融资或者权益融资。

首先,由于武汉凡谷主要客户为华为、爱立信、诺基亚(含阿朗)等全球最主要的通信设备集成商,而在资产中应收账款占比较大,企业可以选择合理利用供应链融资,将价值链扩大,以保持长期稳定的双赢局面。

其次,相比于行业内主要竞争对手,武汉凡谷上市后仅在2016年进行一次定向增发,权益融资相对较少,因此,企业可以选择权益融资的方式配合投资战略进行资金筹集。如表3-35所示。

表 3-35　　　　　武汉凡谷及主要竞争对手增发明细表①

公司	增发时间	实际增发数量（万股）	实际募集净额（万元）	增发价格（元/股）	发行方式
武汉凡谷	2016-09-28	878.97	12579.89	14.79	非公开发行股票
大富科技	2016-10-26	11469.80	345000.00	30.63	非公开发行股票
春兴精工	2017-02-15	11607.90	108395.51	9.65	非公开发行股票
春兴精工	2014-11-20	5332.61	81325.01	15.73	非公开发行股票
东山精密	2017-05-24	22365.80	444271.82	20.12	非公开发行股票
东山精密	2015-04-29	7939.03	115377.60	14.80	非公开发行股票

最后，武汉凡谷应付账款和应付票据占流动负债的比重很大，这说明企业具有完备的产业链并且占用上游资金，这是企业的一大优势，但也有可能转变为企业的风险，管理层应该树立合理的风险管理意识，加强对经营性债权债务的管理，适当借用外来资本，调整资本结构，扩大融资渠道，以更好地提升企业价值。

（4）健全财务核算制度

企业在进行 2016 年年报审计中发现内部控制存在重大缺陷，致使年度财务数据与公开披露的业绩预告数据存在重大差异。不健全的财务核算制度在企业内部存在已久，长此以往会造成企业成本核算的困难，导致成本核算出现差错，进一步产生营运资本管理困境。为尽可能避免诸如此类问题的出现，企业必须及时更新财务核算系统，健全财务核算制度，健全财务核算制度是企业在营运资本管理战略中的重要组成部分。

首先，针对目前财务核算 ERP 系统的漏洞问题，企业首先应该导出现行 ERP 系统中的基础数据并进行整理，详细规范取数的操作规范，在现行 ERP 系统还未更换之前，每月末都必须严格按照取数和数据处理规范进行成本计算，并指定专人进行内部复核。其次，要及时更新现行财务核算系统，启用新系统，确保新系统模块完整，运算准确。企业应当通过财务核算系统实现对企业整体财务信息化管理。利用 ERP 系统实现人、财、物、产、供、销全方位科学高效集中管理，最大限度地避免错报产生并降低库存，减少库存对资金的占用，提

---

① 数据来源于东方财富网数据中心系统内武汉凡谷、大富科技、春兴精工和山东精密 4 家企业的分红融资模块——历年分红融资表和增发明细表。

高存货管理能力,使企业营运资本管理更上一个新台阶。完善的财务核算系统还能够帮助企业管理人员对企业整体经营活动进行全面、详尽的控制和管理。财务核算系统可以对历史库存情况进行全面分析,通过过去的交易和事项为企业未来经营管理提供依据,最终帮助企业提升库存管理能力,避免库存积压或短缺,确保经营活动的顺利进行,形成良性循环。

其次,因财务人员业务技能熟练程度低、工作交接不全面造成核算差错的问题,企业必须要加强对在岗财务人员的管理和培训,加强对财务岗位交接的管理和监督,并设置交接"缓冲期",老财务人员对新上岗财务人员必须进行业务辅导直至新上岗财务人员对工作有全面清晰的掌握。分管财务经理必须要明确责任,对新接手财务人员的工作质量负责,企业要将此项工作纳入财务经理个人月度绩效考核的范畴。

最后,企业应当要"以小见大",此次暴露出的财务核算问题也许只是冰山一角,从中折射出企业在管理制度方面存在的不完善,企业应当开展自我核查,自我排查是否在其他生产经营方面还存在类似问题,不能再重蹈覆辙。

(5)稳定的低现金股利或股票股利政策

通过前文的分析,武汉凡谷之前的利润分配较为"激进"。但就目前公司的经营业绩来看,公司是不具备支付股利的能力,因此,武汉凡谷2016年年报显示,公司未对股东进行分红。在企业财务战略优化中,企业未来资金需求量持续增大,因此可适当收缩利润分配政策,在有盈利的年份采取稳定的低现金股利政策,持续保有大量资金以做战略转型和投资,以减少企业压力。在目前面临巨额亏损的情况下,企业更要保持良好的现金流,将首要目标定位为扭亏为盈,并努力坚持生存到5G正式商用的2020年,耐心等待行业春天的到来。为稳定股东和投资者信心,企业或可分配股票股利代替现金股利,既能保有资金,也能增加投资者信心。

3.6 研究结论

自上市以来,武汉凡谷就一直深耕在移动通信天馈系统射频器件领域,持续坚持核心业务,目标是成为行业的龙头企业。然而现在行业整体不景气,行业内企业均出现不同程度的亏损。本章从财务战略三维矩阵视角，通过对武汉凡谷的财务战略状况分析评价，提出财务战略优化建议。通过研究，得出结论如下：

第一，企业战略的实施需要相应财务战略的匹配。财务战略是为整体战略服务的，在对财务战略分析评价时，必须先结合行业大背景、相关竞争对手的状况和企业自身具体情况进行分析，然后再对财务战略进行评价，评价过程中可采用定性描述分析和定量计算相互结合，互为印证，这样才能较为全面客观的分析企业的财务战略。

第二，武汉凡谷目前的财务战略存在诸多问题。武汉凡谷生产设备净值率低，固定资产更行换代滞后，且业务结构单一，以内部投资为主，容易受行业影响，风险较大，投资收益率较低；融资渠道窄，主要依靠内部融资和占用上游资金；财务核算系统存在漏洞，存货管理风险大，在营运资本管理上又过度依赖上下游企业，容易受到牵制；在利润分配上要比同行业"激进"，于长期发展不利。以上种种企业均需加以控制。

第三，企业在财务战略优化时需以投资战略为主，其他战略为辅，目标明确，考虑全面。由于现有不乐观的行业表现和企业自身巨额亏损现状，企业要以盈利为首要目标，其次要创造核心优势，提高技术壁垒才能够建立宽阔的"护城河"。在这期间，企业要抓紧进行固定资产更新换代，沿产业链进行资源整合，这需要大量的资金储备，这就需要融资策略、营运资本管理策略和利润分配策略的配合。

参考文献

［1］白重恩．中国上市公司治理结构的实证研究［J］．经济研究，2005，2.

［2］毕玮．财务战略矩阵模型在公司中的应用探讨——以某机械装备制造公司为例［J］．中国总会计师，2014，6.

［3］鲍新中，孙晔，陶秋燕，等．竞争战略、创新研发与企业绩效的关系研究［J］．中国科技论坛，2014，6.

［4］柏青，罗守贵．R&D投入及其绩效的两阶段实证研究——以7260家上海市企业科技统计为例［J］．研究与发展管理，2014，26.

［5］曹裕，陈晓红，李喜华．企业不同生命周期阶段智力资本价值贡献分析［J］．管理科学学报，2010，5.

［6］柴俊武，万迪昉．企业规模与R&D投入强度关系的实证分析［J］．科学学研究，2003，1.

［7］陈海声，卢丹．研发投入与企业价值的相关性研究［J］．中国软科学，2011，2.

［8］陈海声，王华宾．高科技上市公司高管任期，经营绩效与研发投入的相关性研究［J］．财会通讯，2011，7.

［9］陈劲，谢洪源，朱朝晖．企业智力资本评价模型和实证研究［J］．中国地质大学学报（社会科学版），2004，6.

［10］陈晓红，雷井生．中小企业绩效与知识资本关系的实证研究［J］．科研管理，2009，1.

［11］陈晓红，李喜华，曹裕．智力资本对企业绩效的影响［J］：基于面板数据模型的分析［J］．系统工程理论与实践，2010，7.

［12］陈旭东，黄登仕．会计盈余水平与会计稳健性——基于分量回归的探索分析［J］．管理科学，2006，19.

［13］陈旭．R&D投入与上市高新技术企业市场价值的关系．财会月刊［J］，2011，12.

[14] 陈仲常,余翔. 企业研发投入的外部环境影响因素研究——基于产业层面的面板数据分析[J]. 科学管理,2007,2.

[15] 程宏伟,张永海,常勇. 公司R&D投入与业绩相关性的实证研究[J]. 科学管理研究,2006,3.

[16] 崔松虎,金福子. R&D投资对企业效益的实证分析——以我国电子信息百强企业为例[J]. 北京工业大学学报,2008,6.

[17] 陈建丽,孟令杰,王琴. 上市公司研发投入与企业绩效的非线性关系[J]. 中国科技论坛,2015,5.

[18] 仇云杰,魏炜. 研发投入对企业绩效的影响——基于倾向得分匹配法的研究[J]. 当代财经,2016,3.

[19] 陈艳红. 讨论如何合理规划企业财务战略降低经营风险[J]. 中国国际财经(中英文),2017,13.

[20] 丁勇. 研发能力,规模与高新技术企业绩效[J]. 南开经济研究,2011,4.

[21] 戴天婧,张茹,汤谷良. 财务战略驱动企业盈利模式——美国苹果公司轻资产模式案例研究[J]. 会计研究,2012,11.

[22] 戴小勇,成力为. 研发投入强度对企业绩效影响的门槛效应研究[J]. 科学学研究,2013,31.

[23] 戴书松,张伟欣. 基于财务战略矩阵的企业融资行为分析——以电子行业为例[J]. 财会月刊,2014,18.

[24] 范徵. 知识资本评价指标体系与定量评价模型[J]. 中国工业经济,2000,9.

[25] 范旭,黄业展. 企业研发管理对R&D投入与企业绩效关系的调节效应——对广东省科技型中小微企业的分析[J]. 科技进步与对策,2018,35.

[26] 冯自钦. 企业集团多维价值效应矩阵评价研究——基于财务协同控制的模型设计及实证分析[J]. 科研管理,2013,7.

[27] 傅传锐. 智力资本与公司绩效的相关性——基于分量回归的实证分析[J]. 山西财经大学学报,2007,5.

[28] 付维宁. 企业家人力资本与企业绩效:一个理论分析模型[J]. 首都经济贸易大学学报,2003,5.

[29] 高远. 智力资本、技术创新能力与企业绩效[J]. 会计之友,

2018, 8.

[30] 高原, 汤谷良. 家电零售企业的财务转型路径——基于苏宁, 国美的双案例分析 [J]. 财会月刊, 2016, 25.

[31] 高丽, 潘煜, 万岩. 企业文化、智力资本和企业绩效的关系——以高科技企业为例 [J]. 系统管理学报, 2014, 4.

[32] 管慧芳. 基于可持续发展的企业财务战略研究概述 [J]. 经营管理者, 2016, 36.

[33] 郭黎, 张爱华, 乐洋冰. 智力资本、研发投入与企业绩效的实证分析 [J]. 统计与决策, 2016, 19.

[34] 哈瓦维尼. 经理人员财务管理: 创造价值的过程 [M]. 北京: 机械工业出版社, 2001.

[35] 何庆明, 戴丽萍, 李和昌, 黄恒超. 智力资本与企业战略并购 [M]. 北京: 中国经济出版社, 2006.

[36] 胡国柳, 卢闯, 黄鹤. 企业财务战略与财务控制 [M]. 北京: 清华大学出版社, 2004.

[37] 胡汉辉, 沈群红. 西方知识资本理论及其应用 [J]. 经济学动态, 1998, 10.

[38] 侯晓红, 张艳华. R&D 投入对企业业绩的影响 [J]. 科学管理研究, 2006, 12.

[39] 黄瑜. 基于财务战略矩阵视角的通信设备制造业财务战略研究 [D]. 成都: 西南财经大学, 2013.

[40] 胡云翔. 企业战略转型期的财务战略研究 [D]. 昆明: 云南大学, 2015.

[41] 季永佩. 我国新旧会计准则下公司研发费用会计处理方法比较 [J]. 财会研究, 2007, 4.

[42] 蒋琰, 茅宁. 智力资本与财务资本: 谁对企业价值创造更有效 [J]. 会计研究, 2008, 7.

[43] 蒋蓉华, 闻春. 知识密集型企业智力资本研究 [J]. 改革与战略, 2006, 7.

[44] 解维敏, 唐清泉, 陆姗姗. 政府 R&D 资助、企业 R&D 支出与自主创新 [J]. 金融研究, 2009, 6.

［45］金水英，吴应宇．知识资本与企业发展能力的关系——基于面板数据模型的实证研究［J］．软科学，2008，10.

［46］景莉．智力资本与公司价值［M］．北京：中国经济出版社，2006.

［47］荆龙姣．财务报表分析的扩展：财务战略类型判定［J］．产业与科技论坛，2010，11.

［48］景魏娟，陈万江．解析财务战略和经营战略的配置关系［J］．财会研究，2013，11.

［49］井洁琳．财务战略矩阵在生物制品行业的应用——以达安基因公司为例［J］．财会月刊，2015，18.

［50］科技部．高新技术企业认定办法．2008.

［51］孔玉生，孔照烈，诸成刚．基于企业绩效的智力资本管理研究［J］．财会通讯，2006，3.

［52］孔玉生，章斌．智力资本对企业绩效的影响［J］．财会通讯，2006，5.

［53］李秉成，罗盈．行业龙头企业发展应关注固定成本的杠杆效应——中国铝业两度巨亏分析［J］．财务与会计（理财版），2013，12.

［54］李丹蒙，夏立军．股权性质、制度环境与上市公司R&D强度［J］．财经研究，2008，4.

［55］李冬琴．智力资本与企业绩效的关系研究［D］．浙江：浙江大学，2004.

［56］李冬伟，汪克夷．智力资本与高科技企业绩效关系研究——环境的调节作用［J］．科学学研究，2009，11.

［57］李冠众，刘志远．上市公司知识资本业绩相关性探析［J］．现代财经，2008，7.

［58］李华晶，郑娟，和雅娴．新能源汽车企业研发投入与绩效关系［J］．中国科技论坛，2017，1.

［59］李海东，王梦蕾，史寒之．CEO任期、研发投入跳跃与企业绩效的关系——来自中国上市公司的经验证据［J］．技术经济，2018，37.

［60］李嘉明，黎富兵．企业智力资本与企业绩效的实证分析［J］．重庆大学学报（自然科学版），2004，12.

［61］李涛．国有股权，经营风险、预算软约束与公司业绩：中国上市公司的实证发现［J］．经济研究，2005，7.

[62] 李璐,张婉婷. 研发投入对我国制造类企业绩效影响研究 [J]. 科技进步与对策,2013,30.

[63] 李四海,邹萍. 企业研发绩效粘性研究——来自高新技术上市公司的经验证据 [J]. 科研管理,2016,37.

[64] 李随成,张哲. 中小企业知识资本与企业成长 [J]. 统计与决策,2007,1.

[65] 李善民,刘智. 上市公司资本结构影响因素评述 [J]. 会计研究,2003,8.

[66] 李涛. 国有股权,经营风险、预算软约束与公司业绩:中国上市公司的实证发现 [J]. 经济研究,2005,7.

[67] 李涛,黄晓蓓,王超. 企业科研投入与经营绩效的实证研究——信息业与制造业上市公司的比较 [J]. 科学学与科学技术管理,2008,7.

[68] 李笑雪,李政. 我国能源行业上市公司财务战略探析——基于财务战略矩阵的视角 [J]. 经济问题,2015,11.

[69] 梁莱歆,严绍东. 中国上市公司 R&D 支出及其经济效果的实证研究 [J]. 科学学与科学技术管理,2006,7.

[70] 梁莱歆,张焕凤. 高科技上市公司 R&D 投入绩效的实证研究 [J]. 中南大学学报,2005,2.

[71] 林钟高,刘捷先,章铁生. 企业负债率、研发投资强度与企业价值 [J]. 税务与经济,2011,6.

[72] 刘超,原毅军. 智力资本对企业绩效影响的实证研究 [J]. 东北大学学报,2008,1.

[73] 刘世全. 企业绩效影响因素分析——以深市上市公司 2011 年数据为例 [J]. 财会通讯,2013,36.

[74] 刘晓宁,郑少锋. 房地产上市公司财务战略实证分析——基于可持续增长视角 [J]. 财会月刊,2014,8.

[75] 刘明玮. 从财务战略矩阵看民营企业发展战略选择 [J]. 现代经济信息,2017,10.

[76] 陆桔利. R&D 和企业增长价值——我国上市公司的实证检验 [J]. 经济研究,2006,1.

[77] 卢文娟,李小花,葛智宇. 基于财务战略矩阵耦合模型的企业战略成

本管理 [J]. 财会通讯, 2013, 2.

[78] 卢馨, 黄顺. 智力资本驱动企业绩效的有效性研究——基于制造业, 信息技术业和房地产业的实证分析 [J]. 会计研究, 2009, 2.

[79] 罗婷, 朱青, 李丹. 解析 R&D 投入和公司价值之间的关系 [J]. 金融研究, 2009, 6.

[80] 马宁, 严太华, 姬新龙. 风险资本与智力资本协同条件分析与效应检验 [J]. 中国管理科学, 2015, 3.

[81] 宁宝德, 李莹. 上市公司智力资本对财务绩效的影响研究——基于 Public 模型的实证分析 [J]. 山西财经大学学报, 2007, 11.

[82] 美国思腾思特管理咨询公司. 经济增加值——如何为股东创造财富 [M]. 北京: 机械工业出版社, 1991.

[83] [美] 杰夫利·S. 哈里森 (Jeffrey S. Harrison), 卡隆·H. 圣约翰 (Caron H. St. John). 组织战略管理 (英文版) [M]. 2 版. 沈阳: 东北财经大学出版社, 1998.

[84] [美] 约翰·A. 皮尔斯二世 (John A. Pearce Ⅱ), 小理查德·B. 罗宾森 (Richard B. Robinson). 战略管理学规划, 实施与控制 (英文版) [M]. 6 版. 大连: 东北财经大学出版社, McGraw – Hill 出版公司, 1998.

[85] 庞浩. 计量经济学 [M]. 北京: 科学出版社, 2007.

[86] 齐群, 邵其军. 中国会计学会"人力资源会计理论与方法"研讨会综述 [J]. 会计研究, 1999, 6.

[87] 钱省三, 龚之一. 科技知识的市场机制及其知识资本的形成模型 [J]. 科学学研究, 1998, 11.

[88] 任海云, 师萍. 企业 R&D 投入与绩效关系研究综述——从直接关系到调节变量的引入 [J]. 科学学与科学技术管理, 2010, 02.

[89] 任海云. 公司治理对 R&D 投入与企业绩效关系调节效应研究 [J]. 管理科学, 2011, 24.

[90] 冉冬梅. 基于企业生命周期的连锁零售企业财务战略选择研究 [D]. 南充: 西南石油大学, 2013.

[91] 宋献中, 冯敏红. 研发费用逐利性研究 [J]. 财会月刊, 2004, 1.

[92] 苏启林, 朱文. 上市公司家族控制与企业价值 [J]. 经济研究, 2003, 8.

[93] 石一兵. 对于收益法评估企业价值中折现率的参数市场风险溢价 RPm 的探讨 [J]. 中国资产评估, 2010, 4.

[94] 盛宇华, 路璐. R&D 投入与企业绩效的倒 N 型关系研究 [J]. 南京社会科学, 2016, 1.

[95] 沈弋, 徐光华, 钱明. 双元创新动因、研发投入与企业绩效——基于产权异质性的比较视角 [J]. 经济管理, 2016, 2.

[96] 谭劲松. 智力资本会计研究 [M]. 北京: 中国财政经济出版社, 2001.

[97] 汤谷良. 和谐发展战略与财务三维度 [J]. 新理财, 2007, 4.

[98] 唐文秀, 周兵, 徐辉. 产品市场竞争、研发投入与财务绩效——基于产权异质性的比较视角 [J]. 华东经济管理, 2018, 7.

[99] 田国双, 宋姗泽. 智力资本、研发投入与企业财务绩效——基于不同股权性质的实证分析 [J]. 财会通讯, 2019, 30.

[100] 托马斯·A. 斯图尔特. "软"资产——从知识到智力资本 [M]. 北京: 中信出版社, 2003.

[101] 万希. 智力资本对我国运营最佳公司贡献的实证分析 [J]. 南开管理评论, 2006, 9.

[102] 汪金燕, 李秦阳. 企业智力资本与企业绩效模型构建 [J]. 统计与决策, 2013, 5.

[103] 王核成. R&D 投入与企业成长的相关性研究 [J]. 科学管理研究, 2001, 3.

[104] 王化成, 卢闯, 李春玲. 企业无形资产与未来业绩相关性研究——基于中国资本市场的经验证据 [J]. 中国软科学, 2005, 10.

[105] 王烨, 游春. R&D 投入与绩效相关关系实证研究: 基于中小企业板上市公司面板数据 [J]. 财会通讯, 2009, 4.

[106] 王安然. 通信设备制造业公司财务战略研究 [D]. 青岛: 中国海洋大学, 2014.

[107] 吴武清, 陈暮紫, 黄德龙, 等. 系统风险的会计决定: 企业财务风险、经营风险、系统风险的时变关联 [J]. 管理科学学报, 2012, 4.

[108] 王彦伟. 合理规划企业财务战略降低经营风险 [J]. 中国总会计师, 2014, 12.

[109] 王东升. 商业模式、财务战略与企业价值 [D]. 太原：山西财经大学，2016.

[110] 王楠，张立艳，李思晗. 研发投入、市场结构对高技术企业绩效的影响 [J]. 中国科技论坛，2017，7.

[111] 王兴成. 企业知识资本管理与知识库建设 [J]. 科学学研究，2000，18.

[112] 王智宁，王念新，吴金南. 知识共享与企业绩效：智力资本的中介作用 [J]. 中国科技论坛，2014，2.

[113] 王智宁，吴应宇，叶新凤. 智力资本与企业可持续成长关系的实证分析 [J]. 软科学，2008，12.

[114] 王月欣. 企业智力资本多层次模糊综合评价法 [J]. 北京交通大学学报（社会科学版），2007，3.

[115] 吴小蕾. 智力资本与民营企业绩效关系研究 [J]. 经济纵横，2010，7.

[116] 吴晓云，杨岭才，李辉. 智力资本的集约化战略：技术领先与开放式创新 [J]. 科学学与科学技术管理，2016，2.

[117] 希金斯. 财务管理分析 [M]. 6版. 北京：北京大学出版社，2003.

[118] 徐虹. 智力资本. 21世纪旅游饭店战略竞争力的源泉 [J]. 南开管理评论，2000，5.

[119] 薛云奎，王志台. 无形资产信息披露及其价值相关性研究 [J]. 会计研究，2001，11.

[120] 徐侠，陈圻，郑兵云. 高技术产业R&D支出的影响因素研究 [J]. 科学学研究，2008，2.

[121] 谢小芳，李懿东，唐清泉. 市场认同企业的研发投入价值吗？——来自沪深A股市场的经验证据 [J]. 中国会计评论，2009，3.

[122] 徐欣，唐清泉. R&D活动、创新专利对企业价值的影响——来自中国上市公司的研究 [J]. 研究与发展管理，2010，4.

[123] 徐玉高. 浅谈企业财务战略与业务战略协同性与相对独立性 [J]. 财会通讯，2013，23.

[124] 肖延高，刘鑫，童文锋，等. 研发强度、专利行为与企业绩效 [J]. 科学学研究，2019，7.

[125] 阎达伍,陆正飞.论财务战略的相对独立性——兼论财务战略及财务战略管理的基本特征[J].会计研究,2000,9.

[126] 闫化海,赵武.智力资本及其理论解释[J].管理科学,2004,10.

[127] [英]卢斯·班德(Ruth Bender),凯斯·沃德(Keith Ward).公司财务战略[M].干胜道,等,译.北京:人民邮电出版社,2003:75.

[128] 于宁.科技成果转化与应用支出绩效评价:我国的实证分析与政策研究[J].上海财经大学学报,2005,6.

[129] 闫华红,孙明菲.可持续增长下的财务战略研究——基于高新技术企业的实证数据[J].经济与管理研究,2011,2.

[130] 原毅军,孙晓华,柏丹.我国软件企业智力资本价值创造潜力的评估[J].中国工业经济,2005,3.

[131] 袁智慧,余灼萍.基于财务质量的上市公司财务战略选择[J].财会通讯,2014,2.

[132] 游春.我国中小企业研发投入与财务绩效关系的实证研究——基于中小企业板上市公司的面板数据[J].金融市场,2010,1.

[133] 严焰,池仁勇.R&D投入、技术获取模式与企业创新绩效——基于浙江省高技术企业的实证[J].科研管理,2013,5.

[134] 杨蔓利.智力资本对企业绩效影响的实证研究——以我国汽车制造业上市公司为例[J].会计之友,2013,22.

[135] 杨有红,王仲兵.关于人力资源会计的若干理论问题[J].会计研究,2002,9.

[136] 杨政,董必荣,施平.智力资本信息披露困境评析[J].会计研究,2007,1.

[137] 姚立根,韩伯棠.基于人力资本的企业智力资本构建[J].商业时代,2007,27.

[138] 曾洁琼,张婷.智力资本、会计信息质量和高技术企业绩效[J].中南财经政法大学学报,2014,4.

[139] 张国安,王铁明.R&D投资对企业价值的影响[J].科技进步与对策,2000,10.

[140] 张悟移,贺琪.人力资源管理实践、智力资本导向与企业绩效[J].会计之友,2018,6.

[141] 周开国, 李涛. 国有股权、预算软约束与公司价值: 基于分量回归方法的经验分析 [J]. 世界经济, 2006, 5.

[142] 庄永南. 重识"智力资本"——兼介智力资本评价的 VAIC 法 [J]. 经济前沿, 2002, 4.

[143] 朱杏珍. 人力资本与企业绩效 [J]. 广西社会科学, 2003, 1.

[144] 朱学义, 黄元元. 我国智力资本会计应用初探 [J]. 会计研究, 2004, 8.

[145] 朱亚男, 于本江. 知识资本定量评价模型研究 [J]. 科学管理研究, 2005, 12.

[146] 朱有为, 徐康宁. 中国高技术产业研发效率的实证研究 [J]. 中国工业经济, 2006, 11.

[147] 张炳发, 万威武. 企业知识资本投资与知识资本对企业绩效影响的实证研究 [J]. 企业管理, 2006, 10.

[148] 张维迎, 周黎安, 顾全林. 高新技术企业的成长及影响因素: 分位回归模型的一个应用 [J]. 管理世界, 2005, 10.

[149] 张文强, 华晓龙, 院美芬. 财务战略矩阵的改进模型在并购选择中的应用 [J]. 内蒙古大学学报 (哲学社会科学版), 2009, 2.

[150] 张敦力, 魏霄. 财务战略、可置信承诺与专用性资产投资的信号作用 [J]. 中南财经政法大学学报, 2013, 1.

[151] 赵志敏. 浅谈基于价值创造的财务战略管理研究 [J]. 中国证券期货, 2013, 9.

[152] 赵鹏程. 从财务战略矩阵看民营企业发展战略选择 [J]. 会计之友, 2013, 25.

[153] 郑承利, 陈灯塔. 中国股市截面收益率再研究: 分位数回归方法 [J]. 南方经济, 2006, 1.

[154] 朱文莉, 陈夏. 研发投入与企业绩效究竟呈什么关系?——来自国内研究的动态分析 [J]. 管理现代化, 2017, 3.

[155] AHMED F. The Effect of Capital Increment R&D on Stock Price [J]. Strategic Management Journal, 2006, 27 (11): 1081 – 1085.

[156] AHMED RIAHI – BELKAOUI. Intellectual Capital and Firm Performance of US Multinational Firms [J]. Journal of Intellectual Capital, 2003 (4).

[157] ALI ŞAHIN ÖRNEK, SIYRET AYAS. The Relationship Between Intellectual Capital, Innovative Work Behavior and Business Performance Reflection [J]. Procedia – Social and Behavioral Sciences, 2015, 195.

[158] ANTONIO MELES, CLAUDIO PORZIO, GABRIELE SAMPAGNARO, VINCENZO VERDOLIVA. The Impact of the Intellectual Capital Efficiency on Commercial Banks Performance: Evidence from the US [J]. Journal of Multinational Financial Management, 2016, 36.

[159] BENDER R. Corporate Financial Strategy [M]. London: Routledge, 2013: 22 – 38.

[160] BOONE J P, RAMAN K K. Reply to a Comment on R&D Capitalization and Value Relevance: a Response [J]. Jounal of Accounting and Public Policy, 2001 (8): 322 – 345.

[161] BONTIS, N. Management Organizational Knowledge by Diagnosing Intellectual Capital: Framing and Advancing the State of the Field [J]. International Journal of Technology Management, 1998, 18 (1): 433 – 462.

[162] BROOKING A. Intellectual Capital: Core Assets for The Third Millennium Enterprise [M]. London: Thomson Business Press, 1996: 51 – 83.

[163] BUCKLAND R., E. W. DAVIS. Financial strategy and accountability around [J]. Finance for Growing Enterprises, 2016, 34 (3): 249.

[164] CABRILO SLAEANA, DAHMS SVEN. How Strategic Knowledge Management Drives Intellectual Capital to Superior Innovation and Market Performance [J]. Journal of Knowledge Management, 2018, 22 (3).

[165] CAZAVAN J A, JEANJEAN T. The Negative Impact of R&D Capitalization: A Value Relevance Approach [J]. European Accounting Review, 2006, 15 (1): 37 – 61.

[166] CHAMBERS D J, JENNINGS R, THOMPSON R B. Evidence on the Usefulness of Capitalizing and Amortizing Research and Development Costs. Working paper, 1998.

[167] CHENG SHENG LEE, KUAN YEW WONG. Advances in Intellectual Capital Performance Measurement: a State – of – the – art Review [J]. The Bottom Line, 2019, 32 (2).

［168］CHEN L C, SHOU M T, HSIN Y C. The Relevance of Patents for Market Value: A Study of Chinese Firms in Different Stock Market [J]. International Journal of Management, 2006 (3): 606 – 619.

［169］DAVID A. Strategic Financial Management—Managing for Long – term Financial Success [M]. London: Financial Times Business Information Ltd, 1988: 178.

［170］FUNG M K. R&D, Knowledge Spillovers and Stock Volatility [J]. Accounting and Finance, 2006 (46): 107 – 124.

［171］GRILICHES Z. Market Value, R&D and Patents [J]. Economic Letters, 1981 (2): 183 – 187.

［172］HALL B H, THOMA G, TORRISI S. The Market Value of Patent and R&D: Evidence from European Firms [J]. Academy of Management Annual Meeting Proceedings, 2007 (2): 1 – 6.

［173］HAN M. The Effect of Advertising and R&D Expenditures on The Firm Value. An Empirical Analysis by Tobin's Q [J]. Korean Accounting Review, 2004 (2): 103 – 112.

［174］HUANG H Z, XU C G. Financing Mechanisms and R&D Investment, working paper, 1998.

［175］HU A G, JEFFERSON G H. Returns to Research and Development in Chinese Industry: Evidence from State – owned Enterprises in Beijing [J]. China Economic Review, 2004 (15): 86 – 107.

［176］HUBERT SAINT – ONGE. Tacit Knowledge: The Key to The Strategic Alignment of Intellectual Capital [J]. Planning Review, 1996, 24 (2): 10 – 16.

［177］INÈS BEN CHEIKH, HÉDI NOUBBIGH. The Effect of Intellectual Capital Drivers on Performance and Value Creation: the Case of Tunisian Non – financial Listed Companies [J]. Journal of the Knowledge Economy, 2019, 10 (1): 147 – 167.

［178］J. NICILAS MARIN XIMENEZ, LUIS J. SANZ. Financial Decision – Making in a High – Growth – Company: The Case of Apple Incorporated [J]. Management Decision, 2014, 52 (9): 1591 – 1610.

［179］JOHANNES D. W., P. D. JAGER. An Appropriate Financial Perspective

For a Balanced Score – card [J]. Social Science Electronic Publishing, 2010, 2 (2): 98 – 113.

[180] JOHNSON, W. H. A. An Integrative Taxonomy of Intellectual Capital: Measuring The Stock and Flow of Intellectual Capital In the Firm [J]. International Journal of Technology Management, 1999, 18 (5): 562 – 575.

[181] K. E. SVEIBY. The New Organizational Wealth: Managing and Measuring-Knowledge – based Assets [J]. Scandinavian Journal of Management, 2001 (17): 523.

[182] KNIGHT, K. J. Performance Measures for Increasing Intellectual Capital [J]. Strategy and Leadership, 1999, 27 (2): 22 – 27.

[183] LEE, C. LEE, K., AND PENNINGS, J. M. Internal Capabilities, External Networks, and Performance: a Study on Technology – based ventures [J]. Strategic Management Journal, 2001 (22): 615 – 640.

[184] ABOODY, D, B. LEV. The Value Relevance of Intangibles: The Case of Software Capitalization [J]. Journal of Accounting Research, 1998, 36 (2): 161 – 191.

[185] LEV B, SOUGIANNIS T, JACOB T. On the Informational Usefulness of R&D Capitalization, Amortization [J]. Working papers of Yale School of Management, 1995 (5): 160 – 165.

[186] LI ZHICHENG, CHEN ZHUOER, LUI TREVOR TIN SHING, CHU SAMUEL KAI WAH. The Impact of Intellectual Capital on Companies' Performances: A Study Based on MAKE Award Winners and Non – MAKE Award Winner Companies [J]. Procedia Computer Science, 2016, 99: 181 – 194.

[187] LOUIS K, CHAN C, LAKONISHOK J, et al. The Stock Market Valuation of Research and Development Expenditures [J]. Journal of Finance, 2001 (56): 2431 – 2456.

[188] LYNN, B. E. Performance Evaluation in The New Economy: Bringing The Measurement and Evaluation of Intellectual Capital into The Management Planning and Control System [J]. International Journal of Technology Management, 1998 (16): 162 – 176.

[189] LUMINITA MARIA GOGAN, ALIN ARTENE, IOANA SARCA, ANCA

DRAGHICI. The Impact of Intellectual Capital on Organizational Performance [J]. Procedia – Social and Behavioral Sciences, 2016, 221: 194 – 202.

[190] MARYAM JAMEELAH HASHIM, IDRIS OSMAN, SYED MUSA AL-HABSHI. Effect of Intellectual Capital on Organizational Performance [J]. Procedia – Social and Behavioral Sciences, 2015, 211: 207 – 214.

[191] MAHFOUDH ABDUL KAREM AL – MUSALI, KU NOR IZAH KU ISMAIL. Intellectual Capital and its Effect on Financial Performance of Banks: Evidence from Saudi Arabia [J]. Procedia – Social and Behavioral Sciences, 2014, 164: 201 – 207.

[192] MEHRALIAN GHOLAMHOSSEIN, NAZARI JAMAL A, GHASEMZADEH PEIVAND. The Effects of Knowledge Creation Process on Organizational Performance Using the BSC Approach: the Mediating Role of Intellectual Capital [J]. Journal of Knowledge Management, 2018, 22 (4): 802 – 823.

[193] M. CARMEN DÍAZ – FERNÁNDEZ, M. ROSARIO GONZÁLEZ – RODRÍGUEZ, BIAGIO SIMONETTI. Top Management Team's Intellectual Capital and Firm Performance [J]. European Management Journal, 2015, 33 (5): 322 – 331.

[194] MAVRIDIS, D. G. AND KYRRNIZOGLOU, P. Intellectual Capital Performance Drivers in The Greek Banking Sector [J]. Management Research New, 2005, 28 (5): 43 – 62.

[195] MAVRIDIS, D. G. The Intellectual Capital Performance of The Japanese Banking Sector [J]. Journal of Intellectual Capital, 2004, 5 (1): 92 – 115.

[196] NASIF OZKAN, SINAN CAKAN, MURAD KAYACAN. Intellectual Capital and Financial Performance: A Study of the Turkish Banking Sector [J]. Borsa Istanbul Review, 2017 (3): 190 – 198.

[197] NURYAMAN. The Influence of Intellectual Capital on The Firm's Value with The Financial Performance as Intervening Variable [J]. Procedia – Social and Behavioral Sciences, 2015, 211: 292 – 298.

[198] PAKES A. Patents, R&D and The Stock Market Rate of Return [J]. Journal of Political Economy, 1985, 93 (2): 390 – 409.

[199] PENA, I. Intellectual Capital and Business Start – up Success [J]. Journal of Intellectual Capital, 2002, 3 (2): 180 – 198.

［200］PUROHIT, HARSH, TANDON, KAMINI. Intellectual Capital, Financial Performance and Market Valuation: A Study on IT and Pharmaceutical Companies in India [J]. IUP Journal of Knowledge Management, 2015, 13 (2):.

［201］RAY O D. Relative Value Relevance of R&D Reporting: An International Comparison [J]. Journal of International Financial Management and Accounting, 2002, 13 (2): 153 – 174.

［202］SHAH Z, STARK A, AKBAR S. Firm Size, Sector and Market Value of R&D Expenditures [J]. Applied Financial Economics Letters, 2008, 4 (2): 87 – 91.

［203］SANZ L. Hospital Clínica Bíblica: Financial Strategy for Sustainable growth [J]. Journal of Business Research, 2016, 69 (9): 3905 – 3909.

［204］SCHIEMANN, W. A. People Equity: A New Paradigm for Measuring and ManagingHuman Capital [J]. People and Strategy, 2006, 29 (1): 34 – 44.

［205］SHAHMANSURI E., M. G. SHAHRAJI. A Survey on Financial Strategies in Corporations [J], Universal Journal of Management and Social Sciences, 2013, 3 (9): 7 – 20.

［206］SANDBERG C M, LEWELLEN W G, STANLEY K L. Financial Strategy: Planning and Managing the Corporate Leverage Position [J]. Strategic Management Journal, 1987, 8 (1): 15 – 24.

［207］SHIU, H. J. Application of The VAIC Method to Measures of CorporatePerformance: A Quantile Regression Approach [J]. The Journal of AmericanAcademy of Business, 2006, 8 (2).

［208］SLATER S. F., T. J. ZWIRLEIN, The Structure of Financial Strategy: Patterns in Financial Decision Making [J], Managerial and Decision Economics, 1996, 17 (3): 253 – 266.

［209］STEVEN FIRER, SMITCHELL WILLIAMS. Intellectual Capital and Traditional Measures of Corporate Performance [J]. Journal of Intellectual Capital, 2003, 4 (3): 348 – 360.

［210］STEWART, THOMAS A. Your Company's Most Valuable Asset: Intellectual Capital [J]. Fortune, 130 (7): 68 – 74.

［211］TOMMASO PUCCI, CHRISTIAN SIMONI, LORENZO ZANNI. Measuring the Relationship Between Marketing Assets, Intellectual Capital and Firm Performance [J]. Journal of Management & Governance, 2015, 19 (3).

[212] ZAINAL A. A. Financial Strategy and Competitiveness of Merger in Malaysian Islamic Banking industry [J]. 2015, 10 (8): 36 – 44.